マスター。ウイスキーください

―日本列島バーの旅―

吉村喜彦

コモンズ

はじめに……バーの旅に出よう

ウイスキーはバーのカウンターで飲むのが一番美味しい。

しかも、自分の住む街をちょっと離れて飲む。これがいい。

ウイスキーは時間を旅してきた酒。

だから、夜行列車でポケット瓶を開け、小さなプラスチック・グラスで飲むのが特別に美味しいように、移動空間が似合っている。

ここではない、どこかに行く――心の旅をするにはもってこいの酒である。

カウンターの向こうにいるバーテンダーと四方山《よもやま》話をしながら、ウイスキーの香りに包まれ、滑らかな液体を舌に転がしていると、ますます旅の感覚は深まっていくだろう。

ウイスキーだけをシンプルに飲《や》る。

加えられるのは、水あるいは氷。あるいは炭酸。ただ、それだけ。

カウンターでウイスキーを飲む。それは墨絵を楽しむことに似ているかもしれない。

白と黒。その単純ないろのなかにさまざまなトーンを感じ、多彩ないろを感知する――シンプルなもののなかに世界を見る喜びがある。

そして、ウイスキーの世界を楽しむためには、何よりも、カウンターの向こうにいるバーテンダーがたいせつ。

その人は、ほどよい距離を知るおとなであってほしい。

口数は多くなく、少なくなく。熱い血をもちつつ、冷静な語り口。大いなる矛盾を懐深く抱えている。兄貴のような、慈父のような、あるときは厳しい職人の師匠のような。

雇われバーテンダーではなく、自ら店を持ち、カウンターに立つ。

そういうバーテンダーは、やはりマスターと呼びたい。

技術がどうのこうのではなく、そのマスターがカウンターの前に立っているだけで、ウイスキーが美味しくなり、心の凝《こ》りがほどけていく。

「なんだかんだあったけど、今日も一日生きててよかったな」と思わせてくれる。

この地球上で、人間しか酒を飲む生きものはいない。ほんとは人間の心が酒を飲んでいる。

だからこそ、マスターの人間性が酒に映り込むのである。

マスターの話にはその土地のにおいがあり、空のいろがあり、水のかげ、風のそよぎがある。

「あのマスターに会うために、あのバーで、あのウイスキーを飲みたい」

そういう夢のような旅に出ようと思った。

写真／吉村喜彦
装丁／タカハシデザイン室

マスター。
ウイスキー
ください

ウイスキー銀河鉄道の夜

…大阪「十三トリスバー」

梅田駅から阪急に乗ると、すぐに淀川を渡る。窓から広々とした川原の景色や六甲の青い山並みが見え、こころがすーっと広がっていく。そして3分後には早くも十三《じゅうそう》に着く。

阪急電車はすべてこの駅に止まる。神戸線、京都線、宝塚線は、ここからそれぞれの道を歩んで終着駅をめざす。つまり、十三は旅の分岐点であり、結節点である。

大阪南部に生まれ育ったぼくには、阪急はとても眩しい電車だ。独特の小豆色のボディ。木目調の内装。それと品よく調和した緑色のシート。ことに、阪神間の山の手を駆け抜ける神戸線こそ阪急である。しかし、十三にはおよそ阪急沿線らしからぬ気配が漂っている。立ち飲み屋、ラブホテル、串カツ屋、昔からオバチャンがやっているお好み焼き屋などがひしめきあい、猥雑な匂いがする。

少年の日に初めて阪急に乗ったとき、「なぜ十三と書いて『じゅうそう』と読むんだろう?」と不思議に思った。十三という数字も禍々《まがまが》しい。明るくきらびやかな阪急沿線のなかで、十三はどこかちょっと違うぞという感じがそのときからしていた。

話はちょっと逸れるが、大阪にも「南北問題」がある——庶民的な(もっとわかりやすく言えば、柄の悪い）南部と上品な住宅地である北部のイメージ格差である。大阪市内でもミナミはキタに見下されている。アメリカ南北戦争でもヴェトナム戦争でもそうだが、だいたいミナミはキタに負けてきたのだ。

十三は「大阪北部に存在する南部的な街」というねじれの位置にある。だから、ぼくはこの街に奇妙な親近感がわく。

＊

十三駅西口改札を出ると、線路に沿って路地があり、飲み屋が続く。

ゆっくり歩いて30秒。改札を出て52歩。周囲の派手な看板に埋もれながらも、居住まいを正して「十三トリスバー」がある。

現在のオーナー兼チーフ・バーテンダー・江川英治さん（1950年生まれ）は二代目。父親の寛さんが創業者である。1956年3月に開業。カウンター22席だけ。54年の歴史をもつ老舗だ。

「父は1970年に47歳で他界し、その後、番頭さんがカウンターに立ってらっしゃったんですが、その方も5年後に亡くなり、1975年、25歳のときからカウンターに立つようになりました」

店は開業以来、一度も改装していない。斜めに2本取っ手のかかった入り口ドアも、カウンターにある真鍮《しんちゅう》製の肘掛けも、店内照明のランプも、みんな昔のまま。壁に掛かった「向かい獅子」サントリー・マーク（懐かしい！）も、渋く光を放ちながら店内を静かに見守っている。

「『絶対変えたらあかんでぇ。古いのがええんや』て、お客さんが言うてくれはった。そのまま触《さわ》らんかったら、こうなったんです。肘掛けは毎日磨いてるんですよ」

カウンターで一際《ひときわ》美しい真鍮バーに触れてみる。

と、指紋がベタッとついて、黄金色の光がそこだけ少し鈍った。

「最初はバーテンダーになるの嫌やったんです。18歳のころから店は手伝っていたんですが、お酒よう飲まんかったんで。そやけど、親父も番頭さんもおらんようになって、『ほなら、やろか』。でも、酔っ払い相手は苦手やなあ。頑固なひと多いし。難儀やなあ』と思とったんです。お客さんは年上ばっかりで、みんな学校の先生みたいに毎日説教。『ワシは親父代わりや』と思てくれはったんでしょう（笑）。ちょっとつらい日々でした。

でも、しだいに同世代のお客さんが増えて、今はほとんどのお客さんがぼくより年下です。

親父には何も教わってないんです。かえって番頭さんから教えてもらいました。『カウンターはお膳なんやから、一番大事。お客さん帰りはったら、すぐお膳をきれいにせなあかん』『カウンターの中では絶対飲み食いしたらあかん』。この二つはとくに大きな教えです」

＊

開店時間は午後5時30分。午後4時に江川さんのお話をうかがうためにお邪魔したが、4時40分には、男性客二人が入り口のドアを押して「まだ開いてないのん?」と英治さんに声をかけてきた。

開店と同時に、20年来の常連客(インド好きの新聞記者)が一人。その後、1時間もしないうちに、会社の上司と部下、恋人同士、定年間近のサラリーマン、OL二人連れ……老若男女が次々と止まり木に座る。

江川さんは整髪料を使わない、さらさらのナチュラル・ヘアー。よく見ると、ネクタイも少々曲がっている。余分な力の抜けた、自然体である。隙があるともいえる。だが、両眼は客の挙《きょ》措《そ》動作を逃すことなく、常に細かく動き回っている。その動きに客はほとんど気づいていない。視線は緊張感を与えることを十分わきまえているので、さりげない気遣いをする。

よく「緊張感のあるバーがいいよね」と言う人がいる。けれど、ぼくにはまるでわからない。なぜ、疲れた心と身体を引きずって、緊張を強いられにバーに向かわなくちゃならないんだろう——。

「緊張感」志向は、寿司屋にも適用されているようだ。マスコミで取りあげられたり、有名店で修行したことを勘違いして、それを鼻にかけ、常連客以外は自分の部下にカクテルを作らせ(寿司を握らせ)たり、得々と自慢話に興じる無粋なバー(寿司屋)は多い。「客の緊張感」を強いるばかりで、ほんとの意味の「客に対する緊張感」が欠けているのだ。

「今日も一日よく働いたなあ。自分へのご褒美でお酒をちょっと……」とバーに向かい、ゆったりとした気持ちでカウンターにつく――それが、飲み屋の自然の流れだろう。

江川さんはお客さんをそれとなく包み込むような応対をする。即《つ》かず離れずの絶妙な距離感がある。きっと、あえて隙をつくっているのだ。「隙」があるからこそ、「好き」がある。さすが大阪、「大いなるボケ役」としてマスターが存在している。

バーは心安らぐために行くところ。カクテルを作るのが上手《うま》かったり、酒の知識が豊富なことは必要条件だけれど、十分条件ではない。大切なことは、たとえば、空いたグラスがあっても「お代わりはいかがですか?」という言葉を、強要と受け取られないように発するタイミングやトーンを心得ているか――などなど、客がくつろぐためのきめ細かい心配りだろう。

客商売で、客に緊張感を強いるのは本末転倒だ。でも、悲しいことに、東京(や東京的なものにおもねる街)にはその手のバーが多すぎる。それはお子ちゃま客が生半可なバーテンダーをありがたがっているからだろう。幼稚な客と嘴《くちばし》の黄色いバーテンダーが、「緊張感のあるバー」という田舎芝居をナルシスティックに演じあっているだけなのだ。

十三トリスバーの常連は、若き日の江川さんを「こらっ。カウンターの中で煙草吸うたらあかんぞぉ」と叱りつけたそうだ。

「お客さんに教えてもらいながら、何とかこの仕事を続けてまいりました」

さらさらヘアーの江川さんは謙虚にそう言う。

＊

突然、入り口と反対側のドアが開いて、開店前に訪ねてきた二人組が店に入ってきた。二つの路地に面したこの店には、カウンターの右端と左端と、入り口が二つあるのだ。両方のドアが開くと、湿り気を含んだやわらかい風がサーッと吹き抜ける。二人組はすでにほろ酔い加減。どこかで数杯引っ掛けてきた様子だ。

午後7時。店はすでに満席。音楽はかかっていない。客の語り合う声がBGMだ。カウンター両端にある2台のテレビは映像だけ。創業当時、テレビは超高価で、まだまだ日本の家庭に普及していなかった。十三トリスでは、そのころからずっと店にテレビを据え付けてある。洋酒のグラスを傾け、テレビを見ることは、かつては、ちょっとした「ハレ」の気分に浸ることだったのだ。

江川さんは客のざわめきに包まれながら、黙々と生ビールを注ぎ、カクテルを作っていく。

小腹が減ってきたので、名物「イカ焼き」をいただきながら、Tハイ(トリスのハイボール)を飲む。10オンスタンブラーに50ccのトリス・ウイスキー。そしてソーダを100ccと氷を加える。氷が溶けると、ウイスキーとソーダがちょうど1：2.5になり、その割合が経験的に一番美味しい、と江川さんは言う。

「うちではTハイには必ずレモン・スライスを入れるんです。昔はトリスがピリッと辛かったんで、レモンを入れたんでしょうね。でも、今はトリスも円《まる》くなったんで、入れんでもええけど、入れるんです。これもずーっと変えてません」

Tハイはレモンの香りと相俟《あいま》って、とても爽やか。初夏6月の気候にぴったりだ。

イカを2センチほどのぶつ切りにして卵でからめて焼き、仕上げにソースとマヨネーズをたっぷり使ったイカ焼きは、お好み焼きの弟分のよう。スフレのようなふわふわ卵、ぷりぷりしたイカの歯応えがたまらない。

何といっても大阪は粉モンとソースの王国。イカ焼きもお好み焼きも、じつはぼくらはソースを味わうために食べているのかもしれない。だから、粉モンを食べると喉が渇く。その渇いた喉にTハイがクーッと効くのだ。ビールより甘さが少ないぶん、湿気の多い夏には、Tハイとイカ焼きの相性は抜群にいい。

＊

江川さんはメジャーカップを使わずにハイボールなどのカクテルを作る。

「身体がリズムを覚えてるんです。ぼく、10年ほどジャズ・ダンス習ってますけど、カクテルを作るのはダンスと同《おんな》じなんです」

JUSO TORYS

ホルモン・焼肉
朋楽
焼 大安
大衆酒場
ふかどん
焼肉・冷麺
李朝園
ふかどん
980円
さくさくさり

The Owner's Cask
SUNTORY SINGLE CASK WHISKY
山崎蒸溜所
1993
Owner's name
生成り
JUSO TORYS HUB WHISKY
Distilled in 1993
Bottled in 2006
Cask type BARREL
Cellar OHMI AGING CELLAR

ダンスと同じ……？

「流れが大切やからね。リズムをつかんでると『決まる』でしょ。カクテルも決めが重要。視覚は美味しさに影響しますからね。『このハイボール、スーッと作ってくれたから、これ、きっと美味しいんやろなあ』とお客さんは思わはるんです。カッチャン、カッチャンて蒸気機関車みたいにシェイカー振るより、カタカタカタカタカタて新快速みたいに振るほうが美味しそうでしょ？」

いま十三トリスで一番オーダーの多いのは何ですか？

「ハイボールと水割りで70％。やっぱりウイスキーです。Tハイにはレモンを入れますが、『入れないで』という人には入れません。飲み方いうのはファッションと同じ。正しい飲み方というのはありません。自分の好きなように飲めばいいんです。でも、ちゃんとした飲み方を知ったうえで、自分流の飲み方をするのがいいですね。決まりはないけれど、『その飲み方しか知らない』のと『いろいろ知ったうえでその飲み方をする』のとでは、全然違います」

江川さんはウイスキーの飲み方という切り口で語ってくれたが、その言葉は人の生き方にも通じているだろう。

「その人が長いことかかって得た知恵というのは、ほんとにシンプルなんやけど、そのシンプルなことを見つけるのがむずかしいんです。料理もカクテルもいっしょ。同じ材料、同じ道具で焼き飯作っても、作る人のいろんな加減で、それぞれまったく違うものができるでしょ。ハイボールもそうなんです」

＊

江川さんとウイスキーのかかわりは、十三トリス創業の小学校1年生のときから。

「ランドセルと一緒にテレビとウイスキーとお客さんのざわめきがありましたからね(笑)。おとなはウイスキー飲んで楽しく騒ぐもんや、いうのが第一印象です」

当時、十三トリスの2階に江川さん一家は住んでいたのだ。

「学生時代、店を手伝いながら初めてウイスキーをちょこっと味わった。『おおっ！ 辛っ！』口の中が乾くような感じやったです。

最近またウイスキー飲みはる人、増えましたね。そのなかで、だいたい3パターンありますよ。若い方《かた》は『初めてハイボール飲んだけど、美味しいやん』。中年の方は『昔はウイスキー飲んでてん。いっとき焼酎飲んでましたけど、このところまたウイスキーに戻りましてん』。老年の方は『昔はソーダで割ったりせんと、ストレートかロックで飲《や》ったもんや。チェイサー横に置いてな』

これ、あくまで、2010年の夏の現実ですよ。また、来年、再来年は、飲み方やら何やら変わるでしょう。お月さんが新月から上弦になって、満月、下弦、新月……と廻《めぐ》るように、すべてのものは流れていきますからね」

今はハイボールが人気だが、ベースとなるウイスキーは徐々に多様化しているという。

「いつも角ハイ飲んでて、今日はちょっと違うもん飲んでみよかと。そうなると、次の段階はシングルモルトのハイボール。で、このタイプ飲んでいくと、『ピート（泥炭）の香りがきついのがええ』とか『シェリー樽で寝かせたのがええ』とか、また次の段階にいく。ウイスキーのことを知っていくと、どんどん微妙な違いに興味が出て、それを追っていくんですね。研究やら芸事《げいごと》と一緒ですわ」

たしかに、ワインやクラシック音楽、鉄道、ラーメン……趣味の世界は細部が楽しい。ディテールや差異を楽しむのである。

「カナディアンやバーボンには、まだ目がいっていない。きっと次に控えているんやろなあって感じ。ほんまにそうなるかどうか、わからへんけど。でも、流れいうのがありますから。同じところに留《とど》まっているということはあらへん」

＊

響12年のハイボールをオーダーする。日本のプレミアム・ブレンディッド・ウイスキーだ。

江川さんはハイボールを作り終えると、小さな香水瓶のようなものを取り出して、シュッと一吹きした。

「これですか？　中に同じ響12年が入ってるんです。香りづけです」

ひとくち飲んでみると、甘やかでお香のような香りがふっと立ち上り、その後、厚いボディ感が伝わってきた。

おつまみは、江川さん特製のレーズン・バター。白葡萄、黒葡萄、ドライフルーツを使い、ラム酒に浸けて、完成までに4日はかかるという。このレーズン・バターと響12年の優しさとが玄妙なハーモニーを生み出す。

カウンターの横に座っているお客さんをちらりと見ると、中年のサラリーマンはアーリー・タイムスのソーダ割り、30代の青年は山崎18年のダブル・ロック。定年過ぎのカップルはオールドの水割りグラスをゆったりと口に運んでいる。それぞれ思い思いに自分たちのウイスキー・ロードを旅しているのだ。

店の左のドア（常連客は西のドアと言う）が開き、お客さんが入ってきて、右のドア（東のドア）から別のお客さんが出ていった。そのたびに風がさやさやと席の後ろを抜けていく。

「ここは電車みたいなもんやねん」

江川さんがつぶやく。

たしかに、そうだ。店の大きさはちょうどチンチン電車一両分くらいだし、何より、この空間で酒を飲むことで、ふつうの時間軸を逸脱して、まったく異なる時間軸に移る――トリップするわけだ。十三トリスは、ウイスキー銀河を走る夢の鉄道なのかもしれない。

左(西)のドアは過去。右(東)のドアは未来。あるいは、その逆もあるだろう。この店の中では時間はゆっくり流れて、廻っている。だから「いま、ここにいること」を楽しめばいい――江川さんの笑顔がそう言っている。

＊

「うち、ヘンな店て言われるんですよ。ここでしか食べられないフード類が多いでしょ」

すじ肉コンニャク炒めや三田牛《さんだ》のステーキ・サンドにはTハイ。ごぼうの唐揚げには土っぽい香りのアーリー・タイムスのソーダ割り。江川さんがそれぞれ合わせてくれた。

「食べものによってお酒の味って変わってきますよね。これ、ちょっと試してもらえます?」

そう言って、チューリップ型のテイスティング・グラスと塩の入った小皿をすっと差し出した。ウイスキーは白州。塩を舐めてから飲むと、なんとカルヴァドス(フランスのアップル・ブランデー)の味になった――。

「ね? 面白いでしょ」

いたずらっ子のような眼をした。

「一緒にいたら運気の上がる人っているじゃないですか。上げマンとか(笑)。おつまみとウイスキーってそんな感じです」

次に出してくれたのが、焼きマシュマロにビスコタ（クッキーとキャラメルテイストが一度に楽しめるリキュール。ブランデー・ベース）をかけたもの。これにはジャック・ダニエルを合わせたが、上品な甘みとやわらかな香りが相乗して、すばらしい食後酒となった。

＊

最後に、貴重なお酒をいただいた。

「ザ・オーナーズ・カスク the Owner's Cask 山崎蒸溜所１９９３」というウイスキーで、十三トリスでは「生成《きな》り」という名前で売っている（カスクとは熟成樽のこと）。

１９９３年に山崎で蒸溜、熟成は近江エージングセラー、２００６年にボトル詰め。江川さんはじめ十三トリスの仲間で、創業５０周年を記念して一樽約１００万円で購入。それを１５０本ボトルに詰めた。熟成樽はバーボン樽だったという。アルコール度数５８％。飲ませていただいたのはNo３０７０３２０。

なぜ「生成り」という名前にしたんですか？

「うちは５０年間改装してません。そのままです。このウイスキーも何も足さず、何も引かず、樽出しそのまんま。生成りですわ」

まず、ストレートで香りと味をきく。その後、１：１で水で割って、テイスティング。

「水で割ると、味がよくわかるんです。自然にできる醸造酒（ワインや日本酒、ビールなど）は、アルコール度数の限界はせいぜい２０％。ところが、蒸溜酒というのは人間が造った酒ですから、１００％まで造れます。人間の身体は自然のものですから、やっぱり人工的な度数では舌が防御体制を敷いて、味がわからなくなるんじゃないですかね。これ、ぼくの勝手な考えなんですけど……。ですから、ウイスキー樽出し原酒は、水で割ると、アルコール度数的にも、味覚や嗅覚的にも、ちょうど良い加減になると思います」

風呂はあまりに熱いと入れない。冷たくてもダメ。食べものだって、熱すぎても冷たすぎても味がわからない。お酒のアルコール度数にも、良い加減というのがあるのだ。

「生成り」の水割り——それは素直なスピリット《たましい》をもちつつ、やわらかく包み込む、まるで江川さん自身と十三トリスを映しているようだ。

東と西のドアが開くたびに、吹きすぎる風がやさしいのは、おとなの「良い加減」がこの空間に存在しているからだろう。

また淀川を渡って流れてこよう。そして、おとなの銀河鉄道に乗ろう——そう思いつつ、東のドアを開けて、未来に向かった。

マスター。
ウイスキー
ください

一浴一杯、また一杯 …松山「バー露口」

松山といえば『坊ちゃん』である。

夏目漱石は、坊ちゃんが松山の港に着いたシーンをこのように記している。

——ぶうと云って汽船がとまると、艀《はしけ》が岸を離れて、漕ぎ寄せて来た。船員は真っ裸に赤ふんどしをしめている。野蛮な所だ。もっともこの熱さでは着物はきられまい。日が強いので水がやに光る。見つめて居ても眼がくらむ。事務員に聞いて見るとおれはここへ降りるのだそうだ。見るところでは大森ぐらいな漁村だ。人を馬鹿にしていらあ、こんな所に我慢が出来るものかと思ったが仕方がない。威勢よく一番に飛び込んだ。


実際に漱石が松山に着いたのは1895年(明治28年)の4月初旬である。ぼくの旅は2010年9月下旬。空港に着き、ボーイング777の扉が開いたが、赤ふんどしの人は誰もいない。

飛行機は瀬戸内海の上空を飛んできた。晴れ渡った空の下、海はきらきらと輝いていたけれど、眼がくらむということはなかった。漱石の描いた松山は4月だというのにかなりの暑さ、南国的な雰囲気だが、9月の松山は少し残暑があるものの、空気がやわらか。そよ吹く風は心地よく、タクシードライバーの運転もやさしく、街のイメージは、坊ちゃんが言うような「野蛮」では決してない。潤いがあり、ソフィスティケートされた印象だ。

*

空港からホテルにチェックイン。携帯もノートパソコンも腕時計もすべて部屋に置いて、目の前の電停から身一つで坊ちゃん列車に飛び乗った。松山に着いたら、まずは道後温泉。小さな蒸気機関車風ディーゼルカーがポーッと汽笛を鳴らし、これまた小さい2両連結列車をごろごろ引っ張っていく。

漱石が松山に滞在したのはたった1年だったが、その間、何度も「マッチ箱のような汽車」に乗っては温泉に出かけた。「城下から汽車だと十分ばかり」と書いているが、いまもちょうど10分で温泉に着いた。

小説にこんな一節がある。

――温泉は三階の新築で上等は浴衣《ゆかた》をかして、流しをつけて八銭で済む。その上に女が天目《てんもく》へ茶を載せて出す。おれはいつでも上等へはいった。(中略)湯壺は花崗石《みかげいし》を畳み上げて、十五畳敷ぐらいの広さに仕切ってある。大抵は十三四人漬ってるがたまには誰も居ない事がある。深さは立って乳の辺まであるから、運動のために、湯の中を泳ぐのはなかなか愉快だ。おれは人の居ないのを見済しては十五畳の湯壺を泳ぎ巡《まわ》って喜んで居た。

漱石の入った上等は、今は霊《たま》の湯といい、一人1500円。休憩は4畳半の個室で、ぷんと畳のいいにおいがする。風呂は当時と同じく石造り。透明なアルカリ単純泉は肌にやさしく、熱からずぬるからず、ちょうどいい加減。からだを浮かせていると、浮き世の憂いがゆるゆると晴れていく。

風呂場は掃除が行き届いて清潔だ。湯に入る人もちゃんと前と後を洗っているし、タオルを湯に漬けてもいない。坊ちゃんのように泳ぎ回る者もいない。こうしたマナーは、道後を愛する人たちが培ってきた伝統なのだろう。

湯から上がって青畳に大の字になる。エアコンはない。窓から入るそよ風と扇風機、そして団扇《うちわ》。昔と変わらぬ天目台のお茶と団子で一服。風にのって鳥のさえずりが聞こえてくる。

ああ、これぞ、極楽――。

だが、お茶では喉の渇きをいやしきれない。そろそろグラスを傾ける時間である。

＊

繁華街・二番町にある「バー露口《つゆぐち》」。

店の正面の壁に、「Suntory Bar 露口」とロゴの貼ってあった形跡がある。6年前に初めてお邪魔したとき、tとBarは剥げ落ち、u、n、r、yは字の一部が欠けていて、今にも落ちそうだった。が、今や「露口」さえ剥げ落ちて、完全にロゴはなくなっている。

――お店に来るたびに、髪の毛が抜けるようにロゴが落ちていたけど……。

電話では元気そうな声だったマスターとママの健康が気になりつつ、店のドアを開けた。と、露口貴雄《たかお》さん（１９３６年生まれ）・朝子《あさこ》さん（１９４３年生まれ）ご夫妻が、カウンターの中から、いつもどおりふんわり優しく迎えてくださった。ちょっとホッとする。

１９５８年（昭和３３年）の開店以来、今年で５２周年。カウンター１３席のみ。二人は午後７時から午前０時まで、日曜・祝日を除いて毎日そこに立つ。

細身でダンディーな露口さんは、今日も柳のような佇まい。風にやわらかく吹かれるような風情である。明るい笑顔の朝子さんは、華やかさと明るさを合わせもつ椿の花だ。

開店以来使い続けてきたカウンターに肘を載せる。ただそれだけで、何年もこの店に通っているような気になってくるから不思議だ。寂《さ》びた空間には昔の夜汽車の懐かしさがある。

湯上がりで喉が渇いていた。ビールを飲みたいところだが、バー露口にはビールは一本も置いていない。なぜビールがないのか――。

それは、この店がもともと洋酒の壽屋《ことぶきや》の「サントリーバー」から始まったからである。壽屋はビールを扱っていなかったので、チェーン店になるにはビールを置かないという契約だった。

露口さんは52年前の約束を今も律儀に守っている。

喉の渇きにはやはり炭酸系だろう。

バー露口といえば、角瓶のハイボールが有名だ。以前にお邪魔したときもオーダーした。だが、いまやブームの飲みものをオーダーするのは忸怩《じくじ》たる思いもある……。しかし、それは何も角が悪いわけじゃない。開店以来52年作り続けてきた「露口さんのハイボール」なのだ。ポッと出の店の流行りの角ハイを飲むのとはわけが違う——愚にもつかぬ思考を巡らし、ぶつぶつ呟きながらも、結局、ハイボールをお願いした。

＊

このへんの複雑な心理をちょっと説明しておいたほうがいいかもしれない。

ぼくを含めて酒飲みというものは、自分の愛するモノがあまりにメジャー化すると、往々にしてプイッと横を向いてしまう。それは愛するモノがいつまでも「自分だけのモノ」であってほしいと望んでいるからだ。もちろん、「自分だけの」というのは錯覚だとわかっている。わかってはいるが、そういう錯覚で生きていきたいのである。このあたりが、酒飲みがロマンチストあるいはセンチメンタリストといわれる由縁だろう。

ぼくだけのライ・クーダー。ぼくだけの藤沢周平。ぼくだけのアキ・カウリスマキ……。

だから、「ぼくだけの」モノがいきなり脚光を浴びたりすると、虫の居所が悪くなるのである。

あるいは、最初からメジャーには興味を示さない。反発する。「メジャーはメジャーでどうぞご勝手に」というわけである。昔なら「巨人、大鵬、卵焼き」。そんなものはガキの趣味だと断定する。実際、ぼくの少年時代、卵焼きを除いて巨人と大鵬は大好きだったが、おとなになった現在《いま》の観点からすると、当時の阪神や柏戸もめっちゃカッコよかったと思う。

話は戻るが、角瓶である。

1960年代から80年代にかけてのウイスキー全盛時代、角瓶は横綱オールドの陰に隠れた、シブイ大関（しかもオールドよりも入幕が早い）のような存在だった。その感じが何とも言えず男っぽかった。角は実力がありながらも、いつも謙虚で、目立つことを好まず、「おれがおれが」という嫌らしい自己顕示欲がない。ロックでいえば「ザ・バンド」的な、男好みの男＝一本筋のとおったウイスキー通の酒という存在だった。

だから、ぼくもずっと角瓶を愛していた。なのに、「ブーム」になると、そんな無骨な男がいきなりスポットライトを浴びせられているような気がして、なんだか切なくてちょっとかわいそうな気もするのだ。

酒はイメージだ。大量に売れているブランド・イメージは良くない。どこかに神秘を漂わせていなければファンは離れる。「秘すれば花」なのである。かつてオールドは売れすぎて、イメージを落とした。あれほど神格化されていたのに、絶頂を極めた後に凋落《ちょうらく》した。そのオールドがいたましい。ウイスキー・ファンとして、角がその轍《てつ》を踏まないことを切に願っている。

＊

露口さんが8オンスタンブラー（8タン）をカウンターに置く。と、タンブラーが微妙に傾いている。

よく見ると、カウンターのその部分が1センチほど凹み、板の塗装もすっかり剥げている。露口さんがカクテルを作る定位置なので、52年の間に板も塗装もすっかり磨り減ってしまったのだ。

まず、ウイスキーを50ミリリットル。2センチ角の氷を2個。サントリー・ソーダで満たす。そしてステア。

なのだが、そのステアが一風変わっている。

「私のステアは下から上へ、上から下へと、上下に動かすんです。これがウイスキーとソーダが馴染むやり方だと思います。というのも、ウイスキーは比重が軽いですから、水平にぐるっとステアする横混ぜでは、ウイスキー・フロートになってしまうんです」

なるほど、そのとおりだ。上下にしないと混ざり合わない。

露口さんがスッとタンブラーをこちらに滑らせる。中で炭酸がプチプチ小気味よく弾けてい

スカイコーポレーション
サントリーバー 露口
SUNTORY
SUNTORY

TORYS
WHISKY

る。音が喉を刺激する。色は伊予灘に沈む夕陽だ。そのハイボールをごくり。

ハーッ！

ウイスキーの辛味とソーダの刺激が相俟《あいま》ったキック力あるハイボールだ。しっかり骨が通っている。心地よい苦みが喉の渇きを抑えてくれる。

「少し色が濃いでしょう？　ふつうハイボールでは30ミリリットルのウイスキーに10オンスタンブラーが多いんですが、あれではバランスが悪くて、しょぼしょぼで薄くなるんです」

キンキンに冷えてはいない。だから、味わいに奥行きがある。

「うちは電気冷蔵庫は使っていないんです。大きな氷で冷やす『3丁目の夕日』のころの冷蔵庫。開店も東京タワーが建った年ですから」

冷えきったハイボールがつねに美味しいとは限らない。むしろ冷えすぎていると、ただ炭酸の刺激が心地よいだけで、ウイスキーの味自体がわからなくなる。納得しながら二口目をゆったり飲んだ。8タンは大きすぎず小さすぎず、ちょうど掌になじむサイズだ。

「ソーダもずっとサントリーなんですよ。ウィルキンソンではありません」

ここでも、開店当時からの約束を守り続けている。職人の一徹さが、やわらかさのなかにも、しっかり芯の通ったハイボールを作り上げているのだ。

＊

バー露口は1958年8月15日にオープンした。その前の1年間、露口さんは「松山トリスバー」でチーフバーテンダーをしていた。四国で最初のトリスバーである。それまでは大阪のトリスバーで師匠についてバーテンダーの仕事をしていたが、壽屋の営業マンの相談を受けた師匠が、四国1号店に露口さんを推薦した。

「当時はバーテンダー不足でねえ。引く手あまたでした。東京や大阪では、トリスバーは昭和30年から31年にかけてたくさん出来たんですが、松山ではそういう洋酒バーはまったくなかったんです」

トリハイ1杯50円（ストレートなら40円）。白ハイ（ホワイトのハイボール）70円。角ハイ120円。露口さんの記憶によると、当時の大卒サラリーマンの月給は1万3000円だった。

「オールドなんて雲の上の存在でしたね。角ですら、課長クラスじゃないと飲めなかった。あのころはトリスバーとサントリーバーの2種類があったんです。トリスバーのほうは若者向けで、サントリーバーは白札（ホワイト）と角がメイン、ちょっと年齢層が高かった。この二つのバーは画期的でした。当時、ふつうに飲むのは日本酒や焼酎、ビールでしたからね。松山では、ウイスキーを店で飲むなんて、だれもいらっしゃらなかったんじゃないでしょうか。『松山トリスバー』は、松山で最初に洋酒文化を花開かせた店でした。学生時代の大江健三郎さんもいらしてましたよ」

＊

露口さんは生まれ育った徳島の高校を卒業後、すぐ大阪に出て、サントリーバー（戎橋《えびすばし》）とトリスバー（千日前《せんにちまえ》、梅田）で計3年間バーテンダーの修行をした。

「ただただ大阪に出たいという夢があったんです。都会への憧れがありました。自分はサラリーマンには向いていないので、何かモノをつくる職人仕事がいいのかなぐらいの気持ちで。きっとそういう仕事が見つかるんじゃないかなあと思って行きました。バーテンダーという仕事すら知らなかったんです」

そして、徳島出身の知人の紹介で、戎橋にあったサントリーバーに職を得た。

「千日前を歩くだけでワクワクしました。仕事もたいへんなカルチャーショックでしたよ。まず、お酒ですね。バーテンダー見習いになって初めてお酒を飲みました。しかも、洋酒でしょ。日本酒すら飲んだことなかったですから。次にびっくりしたのが洋酒の種類の多さ。18歳の少年には見たこともないお酒ばかり。赤やブルーや紫や琥珀色――いろんな色と形のボトルがたくさんあって……」

しかも、チーフバーテンダー（故・岩崎喜久夫さん）はひじょうに厳しい人だった。

「その方の下で半年続いた人がいないという伝説の人でした。レモン一つとってみても、果物屋で選ぶとき『ちゃんと触ってみろ』と言われました。肌理《きめ》が細かく弾力のあるものでないとジューシーではないと。そして、果物の洗い方が悪いと、もう一度やらされる。毎日、開店3時間前に店に入って、床拭きはもちろん、グラスやボトル、バックバーをきれいにして、塵一つ落ちていない状態にしないといけない。で、私がお客さんの前でカクテルを作ると、それをお師匠さんが試飲して、不味《まず》いと流しに捨てられるんです」

その厳しい師匠がいたからこそ自分は何とかバーテンダーになれたんです、と述懐する。

「日本郵船の外国航路に乗っていらっしゃった。外国人に鍛えられて、本格的なカクテルをマスターされた方でした。私がこのバーをオープンした年末、大阪からひょっこりいらしてくださってね……」

師匠は自分の店を一生もたず、職人としての生き方を全うされたという。露口さんの口調は穏やかだが、師匠への深い尊敬の念が言葉の端々にうかがえた。

*

「開店以来、ビールを一本も売ったことがないバーは、おそらく全国でここだけじゃないでしょうか」

そう言って、やわらかく微笑んだ。店の中にはナット・キング・コールが薄くかかっている。

「当時、ビールはキリン、サッポロ、アサヒしかなかったでしょ？　だから、ビールを置いてはいけない条件があったんです。壽屋の営業の方が、会社のバッジをはずして、本社のある大阪からわざわざ地方の店まで回ってこられるんですよ。カウンターにビールを置いていると、『ちょっと、それは……』とおっしゃる。ですから、私はそのときの条件をずーっと守って、ビールを置いていないんです」

ほかに、サントリーバーやトリスバーの条件はあったんですか？

「まず、女性のサービスがあってはダメ。照明は新聞が読める程度の明るさがなければダメ。赤や紫色の照明はダメ。価格は全国一律。トリハイ50円。一見《いちげん》さんでも店に入って安心して飲める。だから、人気が出たんです。明るさ、清潔感、安心感――モダンでお洒落な洋酒文化を日本に定着させるために、その二つのバーが果たした役割はものすごく大きいと思いますよ」

店のオープンの日が8月15日というのが、気になっていた。ふつうは、わざわざお盆のど真ん中に店を開けない。どうしてその日を選んだのだろう？

「私は昭和11年生まれですから、子どものころにグラマンやB29に毎日のように恐怖を味わわされてきました。空襲警報が鳴ると、ガタガタ震えながら防空壕に入ってね。その体験があるんで、もう戦争は金輪際だと思っています。その気持ちをこめて、8月15日の終戦記念日にオープンしたんです。

イラク戦争のときに、日本が『派兵』したなんて、おかしなことです。イラクの人たちは、私の子どものころと同じ経験をされています。戦争を経験した人間にとって、他人事ではない。空爆というのは爆弾を落とす側の言葉です。私たちは空襲されたんです。『さとうきび畑』の歌が好きです。作詞・作曲をされた寺島尚彦《なおひこ》さんは数年前に亡くなられましたが、お元気なころは、松山で労音のコンサートがあると必ずうちに寄ってくださいました。あの歌を聞くと、戦争中の体験を思い出します」

ビールを置かない。8月15日を忘れない。

一本筋の通ったその姿勢が、バー露口の空気を透明にしている。一見、物静かで優しそうな露口さんだが、その奥に秘めたものは、一度約束したことをひたすら守る骨っぽさだった。

言葉の軽いこの時代、政治家に限らず、先輩や上司、部下、そして友人と思っていても、旗《はた》色《いろ》が悪くなると、あっという間に約束を反故《ほご》にする人がいる。悲しいけれど、そういう経験を幾度もしてきた。だから、言葉を大切にして、シンプルに約束を守る露口さんが好きだ。信じられる。

*

素敵なマスターのいる店は客のクオリティーも高い。

バー露口のお客さんは、カウンターの中にいる露口さんと朝子さんとの、そして客同士の程良い距離感をもっているように思う。常連客が「身内」同士で変にベタベタしないし、一見客《いちげん》を排除することもない。誰が来ても、ゆったりお酒を楽しみながら会話を楽しんでいる。「間《ま》」や「笑い」がさりげなく挟み込まれた、上品でオープンなコミュニケーション空間がある。だから、初めての客も居心地が悪くない。人気店というのをわきまえていて、長居をする客も少ない。ぼくの隣に座った常連客は、ジャックダニエルの水割りを2杯飲んで、さっと夜の街に消えていった。

午後10時になると、カウンター13席はいっぱいだ。観光客が来ても、なかなか店に入れないこともあるそうだ。

自分の住む街にこんなバーがあればなあ、と心底思う。この店は松山に住む人たちの心の拠《よ》りどころ。仕事を終えて、ぶらっと店に寄って1〜2杯ウイスキーを引っ掛け、マスターとママとお喋りして帰っていく。ロンドンやダブリンのパブのような店。その土地にしっかりと根づいている。しかも、閉鎖的でない。

大洲《おおず》出身で、今は松山に住む妙齢の常連客（薬剤師）が言う。

「ここは夜の調剤薬局。お腹の調子が悪いときはマスターに言って、お腹によく効くカクテルを作ってもらい、食べ過ぎのときは消化を助けるものをってお願いするんです（笑）。だから、このカウンターに向かうといつも健康になるんです」

その言葉を引き取って、露口さんが言う。

「うちは家庭的な雰囲気なんです。東京あたりでは若い人向けのカッコつけたオーセンティック・バーが流行りかもしれませんが、松山ではそれでは商売になりません」

カウンターでたまたま隣り合った客同士が気軽に喋っているのも、東京ではなかなか見かけない光景だ。みんな、眉間に縦皺がない。松山の、そしてバー露口の空気感が、心の凝りをほぐしているのだ。

先年、アンクルトリスを描いた柳原良平さんが来店したという。彼が手描きしたアンクルトリスの楊枝入れが限定500個あって、その一つがこの店にあることを発見し、たいそう喜んで、楊枝入れの裏蓋にマジックインキでアンクルトリスを描いたそうだ。

バー露口は文化人が集うことでも知られ、レイ・ブラウン、デューク・ジョーダンなど内外のジャズ・ミュージシャンもたくさんやって来ている。

「作曲家の池辺晋一郎先生もよくいらっしゃいます。サントリーの故・佐治敬三会長が2回いらしてくださいました。夏目漱石さん、正岡子規さんは、なぜかご縁がなかったなあ」

＊

露口さんは角に愛着がある。

「私が１９３６年生まれ、角瓶は１９３７年生まれ。私が一つお兄さんなんです。角とともに歩んで半世紀。長いつきあいです。だから他のウイスキーとは別格。ソーダとの相性は角がベストですしね」

そう言いながら、３種類の角のボトルをカウンターに並べた。

「それぞれブレンドも若干違ってきてますね。これは初代の復刻版なんですが、当時の味を再現したものです。いまのと飲み比べると、ちょっと辛口で、ピート香も立っています」

２つのストレートグラスにどちらが初代かとは言わずに注いでくれた。一口ずつ飲んでみると、あきらかに違う。

「ね、違うでしょ」露口さんがちらっとぼくのほうを見た。

ぼくは初代のほうがウイスキーらしくて好きだと言った。

「面白いですね。ボトルの形も味わいもどんどん角《かど》がとれて、なで肩になり、円くなっていってるんですね」

亀甲模様のボトルを慈しむように触って、露口さんが言う。

「私は洋酒文化とともに育ったので、ウイスキーには思い入れがあるんです」

そう言いながら、５０年前のトリスのポケット瓶を出してくれた。これまた懐かしい。学生時代、夜汽車に乗ると、必ずポケット瓶を駅で買って、小さなプラスチックの蓋でちびちび飲

Suntory
Liqueur Whisky
KOTOBUKIYA LTD
Suntory
Liqueur Whisky
KOTOBUKIYA LTD
Suntory
Whisky
SUNTORY LTD

露口

Torys Bar TSUYUGUCHI
51st Anniversary
Torys Bar TSUYUGUCHI
52nd Anniversary

みながら旅したものだ。下宿でギターを弾きながら、みなみらんぼうの「ウイスキーの小瓶」を歌う友人もいた。

角はポケット瓶にも「親」と同じように亀甲模様があるのが可愛い。あのごつごつした模様は、「角＝辛口」をシンボリックにあらわしている。

少年のころは、家の冷蔵庫に必ず、飲み終えた角瓶に麦茶が入れてあった。このボトルから飲むと、なぜか麦茶がことのほか美味しかった。ぼくの父は戦争中海軍にいて、特別のときに角瓶を飲んだという話もたびたび聞かされたし、家に角があると、それをとても大切にして飲んでいた。だから角に対して、ぼくも思い入れがある。

角誕生から70年あまり。長生きの製品、そして長生きのバーには、その時代時代の人の思いが重なりあって、それが「いのち」の陰影を深くし、後の世代へ継がれていくのではないか。露口さんは毎晩仕事を終えると、角のハイボールを自分のために作って、必ず3杯飲んで家に帰るという。

＊

初秋に合うカクテルをお願いした。

「マンハッタンがいいですね」

カナディアンクラブにヴェルモット、そこにビターズを2滴。使い込んでガラスの角がとれたミキシンググラスの中で混ぜ合わせる。

露口さんがカクテルをそっと置く。横から、朝子さんがすかさず言う。

「マンハッタン、待ってはったん?」

この掛け合いが絶妙なのだ。背の高い露口さんと小柄な朝子さんがカウンターの向こうで並んでいるだけで、なんだか心がほっこりする。

朝子さんがカウンターに立つようになったのは、19歳で結婚してから、すぐのこと。

「バー露口がオープンのころは、花の女学生。この店の前を通って、学校に行っていたんですよ」

朝子さんは松山生まれだ。

「照れくさいから、それ以上は……」

露口さんがちょっと俯《うつむ》きながら言葉を挟んだ。

「私はもともと暗いんです。これ(朝子さんのこと)は対照的に明るいんです。そのバランスが良いのかな。カウンターの中もブレンドなんですね(笑)」

朝子さんは1981年のサントリー・トロピカルカクテル・コンテストで、「サマークイーン」という自作カクテルで優勝している。

「開店以来初めて1週間休んで、二人でニューカレドニアに行かせてもらいました」

朝子さんが明るい声で付け加えた。

グラスに口をつける——。

甘くない。ハーブの香りのなかに微かな苦み。ふつうマンハッタンはやや甘口なので、それほど好きではない。が、バー露口のそれには苦みと渋みが秋風のようにひんやり光っていた。

「マティーニ、マティーニと世の中が騒ぐほど、マンハッタンがいいなあと思うんです。マティーニはカクテル界ではピカピカの金メダル。それに比べて、マンハッタンは燻し銀のメダル。金閣よりも銀閣のほうが、どうも私の性《しょう》に合っています」

*

翌日、松山城に上った。けっこうきつい勾配で、息が切れる。すれ違った子どもが汗を拭きふき「あとはたのしい、かきごおり」と七五調で歌うように言った。さすが俳句の街・松山である。
今回来るまで知らなかったのだが、旅と酒に生きた種田山頭火《たねださんとうか》の終焉の地・一草庵が温泉にほど近い山裾に寂しくあった。俳句界の銀メダリスト・山頭火は、1年ほどの松山暮らしの間、しばしば温泉に出かけたらしい。
——ずんぶり湯の中の顔と顔笑う
松山はきっと副交感神経が優位の街なのだ。街全体が、ささくれだった心を和らげ、受けとめてくれる。まるで温泉のようだ。だからこそ数多《あまた》の文学者が集うのではないか。

山頭火にならって、夕暮れに一浴、そして再び、バー露口にて一杯。

いつものように角のハイボールを伊予柑ピールをつまみながらいただき、次にオリジナルカクテル、オータム・リーブス。秋に因んで露口さんが出してくれた。

「アラブに始まった蒸溜技術がイベリア半島でブランデーを生み、その後アイルランドに渡ってウイスキーを生みましたからね。今夜はウイスキーのお兄さんでいきましょうか」

ブランデーをベースに紅茶リキュール、みかんの生ジュースをシェイク。オレンジピールをシュッ。琥珀色の液体が、まさに秋の枯葉。

「カクテルはイメージが大切。名前や味わいから想像力を膨らませ、それを楽しむんです」

紅茶、ブランデー、オレンジの香りが溶けあい、一枚の枯葉が風にゆらりと舞い落ちる上品さがあった。カクテルは俳句によく似ている。短い言葉や少量の液体から豊かなイメージを生みだしていく。

今夜も、バー露口のお客さんたちがサッと飲んでサッと帰っていく。管を巻いたり蘊蓄《うんちく》をひけらかす人はいない。だれもがこの店を愛し、きれいに酒を飲む。まさに道後の温泉のよう。

そういえば、霊の湯もバー露口もどこか時間が止まっている。胎内にいるような感覚だ。いや、松山の街そのものがほの明るい静けさにたゆたっているのだ。

一浴一杯、また一杯。
飲むことは、湯に浸かることによく似ている。
ことに松山では。

マスター。
ウイスキー
ください

花鳥風月、ウイスキー

…東京「絵里香」

銀座は日本のバー街のサミット。その銀座の頂きに立つバーの一つ。それが「絵里香《えりか》」である。

寿司職人が銀座をめざすように、バーテンダー憧れの街が銀座である。たしかに歴史、伝統、格式、どれをとってみても超一流の店がひしめいている。ただ、ちょっと敷居が高い。一見《いちげん》ではなかなか入りにくい。しかも、入ってみると、妙な緊張感を客に与える店もある。そんな銀座で、1968年(昭和43年)開店の老舗バー絵里香は、超一流なのに気さくな雰囲気をもつ、ひじょうに稀な店だ。

初めて絵里香を訪ねたのは、会社を辞めてフリーになる直前のこと。先輩に連れられて行ったのだ。その日は風邪をひいて、少々熱っぽかった。あまり酒を飲む気分ではなかったが、先輩が餞《はなむけ》の会を催してくれた手前、何か飲まねばならない。

「お前の体調言ったら、ちゃんと今日の状態に見合ったカクテルを出してくれるから」

先輩がそう教えてくれたので、「微熱があって、ちょっと喉が痛いんです」と、上品なロマンスグレーのオーナーバーテンダー・中村健二さんに告げた。

すると、「そうですか。それはお困りですね」と中村さんはやわらかい笑みを浮かべ、「これがきっと良いですよ」とサーブしてくれたのが、アマレットとウイスキーのカクテル。あまりに美味しいので2杯飲んだ。効果はてきめんで、翌朝には熱も下がり、喉の痛みもすっかり取れていた。

その後、絵里香へはなかなかお邪魔する機会がなく、（というのも、先輩におごってもらったので、値段がどれくらいなのか見当がつかない怖ろしさがあった……）二度目にお会いしたのは、その13年後。なんと網走でだった。たまたま、ぼくも中村さんも同じイベントに招待されていたのだ。

ぼくは中村さんに、かつて風邪を治してもらったことがあると言った。だいぶ以前の、しかも一度しか来店していない客を覚えているわけはなかったが、中村さんは気を遣って親しく話をしてくださり、再び忘れられない夜になった。そして、そのとき思った。絵里香の銀座らしからぬあの寛いだ雰囲気は、中村さんのお人柄によるところが大きいだろうなと。

正直言って、ぼくはこの取材をするまで一度しか絵里香に行ったことがなかったのだ。網走で会ってから2年近く経っている。中村さんに電話して取材時間の約束をとるにはとったが、そのときは、取材内容もじっくり聞けぬほど中村さんは忙しそうにしていらした。

約束の日。開店1時間前に絵里香でお会いした。中村さんはどこか落ち着かない様子だ。

「お店の宣伝はもういいんです」

きっぱり言った。

「ぼくもそんなことは考えていません」

有名店のことをさもよく知っていますとカタログ的に紹介しても、意味がない。そんな記事を読んでも面白くないし、読者だってそういうのに飽き飽きしている。

「たしか私、網走の後、葉書を出させていただきましたよね」

「えっ……?」

記憶にない。もし葉書をもらっていたのなら、必ず返事を出しているはずだ。おれは、そういう義理は大切にする。何か勘違いされて気分を害しているのだろうか……。

「たった一度しか来ていないのに、どうしてうちを取材しようと思われたんですか?」

ちょっと憮然とした表情で、たたみかけるように訊いてきた。一度しか来ていないあんたにうちの店の何がわかるというのだ。職人としてそう思うのは当然だろう。その気持ちは十分に理解できた。しかし、何度も店に行ったからといって、そのバーやマスターの良さがわかるとは限らない。単なる常連になって、ベタベタ褒めちぎっても仕方がない。

「網走でお話しして、絵里香の魅力は何かと考えているうちに、人を逸らさぬ話術をもつ中村さんに興味をもったんです。人間性に針が振れました。この企画は、ぼくが自分の好きなバーを訪ね歩いて、酒や人生の先輩であるマスターにウイスキーを中心に話を聞くという考え方なんです」

客と語ることから逃げ、ひたすらテクニックに走ったり、酒の蘊蓄を偉そうに語るバーテンダーには、興味がない。ウイスキー（酒）と自分との関係やウイスキーがこの世にある意味あいを語れる人でないと、意味がない。ウイスキーはその歴史を含めて、すぐれて人との関係性のなかで生きているからだ。

「ほう、ほう」

中村さんは目を瞑《つぶ》り、微かに相鎚を打って聞いている。

「……ウイスキーのことならお話しいたしますが」

「ええ。永年、銀座の現場で客と向き合って働いていらっしゃる中村さんに、うかがいたいんです」

「なら、わかりました。話しましょう」

こうして中村さんの胸襟が少し開き、インタビューになった。

＊

中村健二さんは１９３６年（昭和１１年）生まれ。バーテンダーになったのは１９５４年（昭和２９年）。戦後、満州から引き揚げ、長野県佐久の高校を卒業し、すぐ東京でバーテンダーとなった。もう半世紀以上、カウンターに向かっている。

「銀座6丁目のお店に飛び込みのような状態でお勤めさせていただきました。その後、銀座2丁目のトリスバーで働いたりして、ずーっと銀座で修行して独立いたしました」

どうしてバーテンダーに?

「カッコよかったからですよ。映画でバーテンダーを見て、憧れたんですね。水島道太郎という映画俳優が好きでね。当時はテレビなんてない時代ですから、映画の影響力は大きかったですね。カウンターで白いバーコートを着て黒い蝶ネクタイをつけ、シャッシャッとシェーカーを振る姿が、田舎にいる子どもにものすごくカッコよく映った。ほんと血湧き肉躍りました。もともと何かをクリエイトするのが好きだったというのもありますね」

ウイスキーとの出会いは?

「もちろんトリスです。ショットグラス1杯30円、ハイボール35円というころでしたね。角を飲む人は、『あの人、角だよ』と一段上にランクされて、特別視されていましたね。オールドなんて飲む方はいませんでした。壽屋の営業の方が新聞紙にくるんで、必ず月に1本か2本、ママさんにそーっとカウンター越しに渡したもんですよ。そして、ほんとうに特別なお客さんだけに出した。そういう時代でしたね。初めて飲んだウイスキーもトリス。トリスバーで仕事をしてすぐのときです。それまでウイスキーなんて飲んだことがなかったから、どんな味なんだろうって」

最初の印象は？

「すごい飲みものだと思いました。こんなもん、よく飲めるなというのが第一印象でしたね。だって、われわれは高校時代に生意気にお酒を飲んでましたけど、せいぜい飲むのは日本酒とかビールとかです。ウイスキーなんて、ほとんど舶来品ですからね。トリスの後に、白札、角、オールドと順番に飲んでいきましたが、一番愛着があるのはやっぱりトリスウイスキーです。1961年（昭和36年）でしたか、新宿コマ劇場で『トリスでドドンパ』というイベントがありましてね、ロイ・ジェームスさんの司会で。私そこでドドンパ踊って、優勝したんです」

えっ。中村さん、ダンスをされるんですか？

「私、外地にいましたから、ダンスすごく上手いんです。社交ダンスが。子どものころから、クリスマス・パーティーでよく踊りましたからね」ちょっと胸を張った。

なるほど。大陸にいる少年時代、国際的な雰囲気のなかで過ごしたことが、バーや洋酒への扉を開いていたのだ、きっと。

*

トリスバーのころ、どういう飲み方が多かったんですか？

「まだまだウイスキーをお飲みになる方が少ない時代でした。はっきり言って、カッコつけて飲んでらっしゃったんです。ですから、ウイスキーにレモンを入れたり、お砂糖を入れたりして、水割りで飲んでらっしゃる方が圧倒的に多かったです」

砂糖を入れる!?　紹興酒も砂糖を入れて飲む人がいるが……。

「ウイスキーがツンとくるのが、つらかったんでしょう。『お砂糖入れて飲みやすくしましょうね』と言って、お作りする。きっと、『ウイスキーを飲んでるんだぞ』というのが楽しかったんですね。

じつは、私、毎日、寝る前にホット・ウイスキー・トディを2杯いただいているんです。ウイスキー2フィンガーに対して、お湯を3フィンガー。『今日もよく頑張りましたね』と自分へのご褒美にティースプーン半分くらいのお砂糖を入れて、手近にある柑橘類をちょこっと入れて、飲むんです。ウイスキーは角かオールド。ウイスキーにはお砂糖が最高に合うんですよ。『何考えてるんだ、とんでもない』と言う人もおられますが、少量のお砂糖でウイスキーはものすごく美味しくなるんです」

まさに、ぼくも「そんなのは邪道」と思っていた。だから、ウイスキーのプロ中のプロ、中村さんの言葉には驚いた。

「ウイスキーは糖分がゼロなんです。少しの糖分を与えたほうが身体に良いんです。明日、疲れが出ません。ですからウイスキーをお飲みになるとき、チョコレートとか甘いモノを少々

響
30
HIBIKI
響
21
HIBIKI
響
17
HIBIKI
SUNTORY WHISKY
HIBIKI
12
HIBIKI
12

摂られるのはとてもいいことなんですよ。ご存知ですか？　ウイスキーは痛風を引き起こすプリン体がほとんどないこと。メラニン色素も抑えてくれること。もう、お肌には最高。ですから、ウイスキーを飲まれる女性の方が最近増えているんですよ。口臭も良くなりますしね」

メラニン色素を抑えるなんてことはまるで知らなかった。海での取材の多いぼくは、最近小さなシミができている。もっとウイスキーを飲むべきかもしれない——。

＊

店ではハイボールはほとんど出ない。

「うちでよく出るのは響12年と山崎。飲み方は……」と言って、テイスティング・グラスをカウンターに置いた。

「このグラスに響12年を30cc入れ、まずストレートで飲んでいただきます」

ボトルから琥珀色の液体を注いだだけで、華やかな香りが一気に広がった。

中村さんはグラスを高く掲げ、照明が当たるようにして、ゆっくりと回転させる。

と、グラスの内面にとろりとした液体が接触し、底に向かって、幾筋も跡を残した。まるでウイスキーの「脚」が何本もおりているようだ。

「美しいですねえ。熟成された良質のものはこうしたレッグがたくさん見えるんです」

ウイスキーを慈しむように、再びグラスをくるくる回して鼻を近づけ、香りを聞いた。

「色と最初に立ち上がる香り（トップノート）を愛《め》でるんです」

グラスをぼくのほうにそっと滑らせた。

口に含むと、上質なビロードのようにやわらかい。花のような香りが口腔いっぱいにたちまち広がった。品の良い甘さはハチミツのよう。春のそよ風のように、何の抵抗感もなく液体が通り過ぎていく。ストレートで飲んでいるのに、これほど繊細で優しいウイスキーは珍しい。しかも、味わいにしっかりとした骨格がある。

「二口《ふたくち》ほどストレートでいただいた後に、軟水で割ります。うちではティースプーンに2杯ほど入れてさしあげます」

トーンが変わった。たくさんの香りが楽しそうに躍り出てきた。そして、それらの香りが一体となってハーモニーを生んでいる。まさに響き合う調和だ。これぞブレンディッドの真骨頂ではないか。

「一雨降った後の薔薇の香りです」

良いウイスキーかどうかをチェックするには、水を加えるのが一番わかりやすいと中村さんは続けた。

「舌の一番奥にフレイバーがしっかり残るでしょ？　これは良いモルトがたっぷり入っている証拠ですねえ」

中村さん的楽しみ方はまだ続く。

「加水したウイスキーをじっくり味わいながら、今度は小さな氷をひとかけら入れるんです。冷たくしてキュッと液体を収縮させる。その後、また加水しても結構です。ご自分のお好きな度数で楽しんでいただければと思います。ウイスキーはすべてが43度ではないことを、みなさんあまりご存知ない。良いウイスキーは、61度であってもスムーズに入ってくるんですよ」

氷を入れて液体を収縮させたり、加水して開かせたり――サッカー選手がボールと一体となるように、中村さんはウイスキーと無心に遊んでいるように見えた。ウイスキーは即《つ》かず離れず、絶妙の距離で側にいる。中村さんにとってウイスキーは永年つきあってきた遊び友だちであり、心を許せる親友なのだ。グラスを持って語る姿を見ていると、この液体には生命があるのだと思えてくる。

だからだろうか。これほどみずみずしいウイスキーを飲んだのは初めての経験だ。まさに生命の水だった。

*

「響は花鳥風月の香りがするんです。梅酒のような香りがちょっとだけ入っているんですね。梅の花が咲き、桃が咲き、桜が咲き……そして春がやってくる。夏の雲が去り、秋風が吹き、すすきが黄金色に光って、山々が紅葉して……」

日本の四季を感じるテイスト&トーン——味わいが日本の美意識に通じているということだろうか。

「響はストレートでもカクテルでも何にでも合います。高校野球でいえば、12年は全校生徒ナンバー1のプレイヤーと思ってくださいね。17年は47都道府県代表と思ってくださ い。21年は全国ナンバー1。30年はイチローです。別格です。こんなウイスキーを作ること自体がすごい。かつてザ・ウイスキーやインペリアルという素晴らしいウイスキーがありましたが、スムーズさに重点が置かれていました。響はしっかりしたボディがある。しかも、12年はソフトタッチだから、女性の方に人気がありますね。これからウイスキーに入られる方に、響の中にハチミツを少し入れて、ステアさしあげてね。レモンを小さく切って、ポッと浮かべて。ね？　お洒落じゃないですかあ」

中村さんが満面の笑みを浮かべている。その笑顔を見ているだけで、こちらも幸せな気分になってくるから不思議だ。

言葉の端々に、人をもてなすプロとして半世紀を費やしてきたプロフェッショナルの、技を超えた技が見える。ちょっとスイッチが入るだけで、イチローのようにスコンと自然体で球を打つ。その場の空気を読んでコミュニケートする天才的な冴えがそこにあった。

中村さんは、バーテンダーは幸せ配達人だ、と言う。

「お酒の知識がいくらあってもお客さんが楽しくなければ意味がないよ、って若い方にお話しするんです。お客さんは勉強をしに来ているんじゃないですから。こちらが知っているから、お客さんがおっしゃることに相鎚も打てるし、お客さんが知ったかぶりをしても、それをもちあげることができるわけです」

ここにあるのは、バーテンダーは徹底的にお客様のために存在する、という哲学だ。

「1830年代のアメリカで、バーテンダーという言葉は生まれました。バーとは、カウボーイたちが馬からひらりと降りて、手綱を引っ掛ける棒のこと。テンダーはtender。『優しい』とか『いたわり』の意味がありますが、『用心する』『気遣う』『番人』や『監督』という意味もあるんです。ならず者がやって来たときは追い払う。お客さんをお守りする。それがバーテンダーの本来の意味ですよね。

現代で一番守らなければいけないのは健康です。私たちはお客さんの健康を管理しながら、お酒を飲んでいただくようにしています。ですから、チョコレートのおつまみを出したり、柑橘系のものを搾ったりしてるんですよ。うちのお店にいらしたお客さんは、『絵里香に来た翌日は楽だ』とおっしゃいます。うれしいですね、このお言葉。うちではかなりの量をお飲みになっても、1杯ずつ大事に大事に飲んでいただいてます。たとえ4杯飲んだとしても、気持ちよくはなりますが、決して身体に毒になるようなことはありません。丁寧に作ったウイスキーを丁寧に飲むこと。それは丁寧に商売するということにもつながっています。

私、うちにいらっしゃるサントリーさんに申し上げているんです。ハイボールの流行で終わっちゃダメですよと。ウイスキーというものは流行りじゃないんです。600年以上前のアイルランドで『ウイスゲ・ベーハ（生命の水）』として生まれて以来の長いながい歴史のあるお酒です。だから、ほんとうに愛していただく良いモノを作らないといけない。『焼酎はもう飽きたから、次はハイボール。飲んだ後に口がさっぱりするからいいや。ハイボールがカッコいいカッコいい』で飲んでると、終わっちゃいますよ。だから丁寧に真心＝愛情をもってウイスキーを作る。そうすれば必ず、世の中のみなさんにウイスキーの良さをわかってもらえます」

丁寧さと真心。これはモノ作りから商売まで、職人から組織人まで、すべての人間の仕事（生きること）に通じる要諦だろう。客と直接対峙し続けてきた中村さんだからこそ、その言葉は深く、重い。

*

「ハイボールがウイスキーへの門戸を開いてくれましたが、これからウイスキーはオンザロックなりストレートで飲む時代になっていきますよ。そして、必ずブレンディッド・ウイスキーの時代がやってくるでしょう。

もともと、スコットランドのウイスキーは個性の強いモルト・ウイスキーだけでした。そこに性格の優しいグレイン・ウイスキーをブレンドすることで、世界的な酒になったわけです。シングルモルトだけでは単調ですが、何十種類のモルトとグレインを掛け合わすことで、ものすごい数のヴァリエーションが生まれます。その多様さが大事です。お酒というのは『これしかない』というワンパターンが一番おかしいんでね。『これもあるし、あれもある』から楽しいわけでしょ。それをお手伝いさせていただくのが、バーテンダーの仕事なんです」

中村さんが大きなスコットランドの地図を広げて、ハイランド、ローランド、アイラ、アイランズ……とそれぞれの蒸留所や周りの風景を、うれしそうに話してくださる。

「お酒は歴史的にも地理的にもみんなつながっています。そういう文化の話が好きなお客さんとお喋りすると楽しいんです。地図をお見せしながら、いまお客さんがお飲みになってらっしゃるのはこの島の酒ですよと言うと、ものすごく喜んでくださる。それがまた私はうれしいんです。店にいながらにして、アイラ島やオークニー諸島を旅するわけです。シェトランド・シープドッグの島はここで、火山が爆発したアイスランドはここで、ほら、このくらいの距離なんですよ、と言いながらご説明する。そうやって、お客さんを幸せにしてお帰りになっていただく。それが私たちの仕事です。そのために、ですから、お値段はちょっと高めですよ(笑)」

バーテンダーのプロ中のプロ。酒を、そして酒の空間がどうあるべきかを知りつくし、客の

The World of
SCOTCH WHISKY
SPEYSIDE
白州
響
白州

心を瞬時にしてつかむプロ。そのやわらかく、しかも毅然とした高度なコミュニケーション。これがほんとの銀座。一流のバーなのだ。

インタビューを始める前に、はっきりとご自身の感情と意見を述べるその真っ直ぐな男らしさが、きっとナンバーワンを下支えするものなのだ。

コニャックとスコッチの樽熟成の違いを嬉嬉として説明する中村さんの声を聞きながら、15年前に初めて作ってもらったカクテルの名前がゴッド・ファーザーであることを思い出した。

マスター。
ウイスキー
ください

オホーツク流氷ロック……網走「バー・ジアス」

数年前の初冬、32年ぶりに網走を訪れた。

大学時代に来たときは、国鉄の周遊券を利用した2週間の旅。小清水の原生花園で咲き乱れるハマナスやエゾスカシユリ、大らかで突き抜けるような青空が、記憶に残った。

久しぶりの網走――やりたいことが一つあった。それは、ビールを飲んでラーメンをすること。映画『幸せの黄色いハンカチ』で、出所したばかりの高倉健扮する男が食堂でビールを飲み、ラーメンを一心不乱にすするシーンが、忘れられなかったからだ。

あれほど美味しそうなビールは、いまだかつて見たことがない。以前サントリーで宣伝の仕事をしていたころ、ビールのシズル感（飲みたい気持ちにさせる感覚）を常に意識していたけれど、いつも頭の中にあったのは「あの高倉健のビール」にどれだけ迫れるかということだった。

ごくふつうのグラスが健さんの前に置かれ、そこにビールが注がれる。泡がふんわり立ち、グラスの縁からこぼれそう。健さんが言う。

「あの……醤油ラーメンとカツ丼ください」

しばらくグラスを見つめる。左手でグラスを撫でるように握り、やがて右手を添える。身を屈め、両手の中のグラスに口を持っていき、一気にグイッグイッと飲みはじめ、やがて目を瞑ってグーッと飲み干す。グラスを置いた瞬間、ハッと息を吸い、口をへの字に結び、かすかに首を傾げ、今度はフーッと大きく息を吐く——

ぼくもラーメンを待ちながらビールを両手で飲んでみた。健さんほど渇いてはいなかったが、風の音を聞きながら飲むビールは苦みが効いて、舌をきりっと引き締めた。乾いた空気と渇いた喉、そしてほのかな夢や希望……これがビールの美味さの大前提なのかもしれない。

しばらくして、でてきた醤油ラーメンを健さんのように右肘を大きく上げ、身体を左に傾けて勢いよくすすり上げていると、「網走にやってきたんだ」という思いがした。

＊

以来、網走が好きになり、年1回は遊びに来ている。

網走は明るい。透き通っている。番外地や監獄から、寒風吹きすさぶ暗い土地を想像するのは間違いである。人も街も上滑りのイメージで捉えてはいけない。

夏はもちろん、冬の網走もクリアだ。年間を通じて網走の晴天率は高く、冬は雪になるので、白一色の街はとても明るい。光の粒がきらきらしている。

高く広がった青空は、叩けばキーンと音がするほど硬く澄みわたっている。鳶《とび》が軽やかに弧を描き、道端に積もった雪が横なぐりの風に吹き流されていく。

肌を突き刺す冷たさがいい。東京の寒さとはまるで違う。どっちつかずの冷気ではない。はっきり答えをもった爽快さがある。

網走を好きになった理由の一つにそういう澄みきった気候があげられるけれど、もう一つ大きな理由がある。それは「スコッチ・バー・ジアス（THE EARTH）」のオーナー兼チーフバーテンダー・鈴木秀幸さん（1957年生まれ）と知り合ったからだ。

身長180センチを超え、恰幅もよく、顎髭がもじゃもじゃ。眼鏡をかけた色白のヒグマのようなその風貌は、一瞥しただけで北海道の大地から生まれたことがわかる。

網走に来る前にインターネットでバーを探していて、ジアスのホームページを見つけた。パラパラ読んでいると、なんだかスタッフが楽しそうに仕事をしている。そういうバーは、はずれがない。網走に着いて迷わずジアスの扉を開けた。

鈴木さんはもちろん網走生まれ。山形・天童から開拓移民として渡ってきた曾祖父から数えて4代目の道産子だ。ジアスを1990年にオープンした。店にはシングルモルト・ウイスキーを250種類以上置いている。道東随一のオーセンティック・バーである。

＊

ジアスといえば、流氷ロック――流氷を使ったオン・ザ・ロック。これは網走でしか飲めない。おそらく、年中流氷を置いている店は日本でここだけではないだろうか。

鈴木さんは言う。

「網走には五季あるといわれます。春夏秋冬と、流氷の季節です。流氷は網走っ子にとって、なくてはならないものなんです。網走がもっとも網走らしく凛としているのがそのころ。観光客の方もたくさんいらっしゃるんですが、必ず流氷が見られるとは限らない。『せっかく遠くまで来たのに……』とガッカリされるときもあります。『じゃ、うちの冷凍庫にある流氷でよかったら、それでロックにしましょうか』ということから、流氷ロックが生まれたんです」

流氷はどこで採ってくるんですか？

「オホーツク海の沖です。昔は水産会社から買っていたんですが、いまは網走市が採ってきた大きな流氷を分けていただいて、そのコアな部分を使っています」

鈴木さんがやわらかい声で言う。眼鏡の奥の眼差しが優しい。

冷凍庫から取り出したのは4センチ角ほどの、流氷のひとかけらだった。透明ではない。かなり白っぽい。じっくり観察すると、その中にきめ細かく、たくさんの白い筋が入っている。

「この筋の中に塩分の多い海水が閉じ込められています。氷の結晶がくっつくとき、塩分の多い海水は凍りにくいので残されるんです。子どものときに流氷の上を歩いたりしたんですが、ふつうの氷のつもりで歩いていて、海に落ちてしまった友だちもいました。流氷の上に乗るのは危険なんです」

しゃべりながら、手際よく、包丁でサクサクサクと流氷を削っていく。

流氷はどこで、どのようにして生まれるのだろう?

「それは海の形と塩分が大きく関係してるんですよ」

鈴木さんが説明してくれた――。

オホーツクは閉じられた海だ。東はカムチャツカ半島と千島列島、西はシベリアと樺太、南は北海道に囲まれている。間宮海峡のもっとも狭いところは幅7キロ。深さは8メートルで、氷結すると歩いて渡れる。

アムール川の淡水がオホーツク海に大量に流れ込むと、海水よりも軽い淡水は海の表面に広がる。そして、海は塩分の濃い部分と薄い部分の二つの層に分かれる。冷気にひやされた海は塩分の薄い表層にだけ対流が起こり、たちまち水温が下がって、流氷が生まれる。海はアムール川河口の浅い部分から凍りはじめ、生まれた氷は南下を続けて網走にたどりつく。最盛期、流氷はオホーツク海の80%を埋め尽くすという。

＊

海を旅してきた氷には、海のにおいのするウイスキーが合うだろう。そう思って、アイラ・モルトのラフロイグ10年を流氷ロックでオーダーした。

スコットランド・アイラ島のモルトは、潮とピートの香りが強烈だ。麦芽を乾燥させるときにピートで燻《いぶ》すので、その煙臭さが染みこんでいる。また、島のピートには強い潮風で吹き飛ばされた海藻が混じっているから、ヨードの香りも染み込むのだ。しかし、味わいは滑らか。豊かなボディ、ピリッとした辛さは、まさに海の酒だ。

ころんと流氷がグラスに入れられる。濃い黄金色のラフロイグが静かに注がれる。と、グラスの中で液体が油のように滑らかにゆらめく。

グラスを口に運ぶと、ぷんと潮と海藻の香りが立ってくる。

ひとくち飲む。

ん？　いつものラフロイグより甘い。ふわっとしている。とげとげしていない。

鈴木さんが「グラスに耳を傾けてみてください」と言うので、耳を近づける。

すると、微かな音が聞こえてきた。

プチッ……プチッ………プチッ…

小さな生きものが何か語りかけてくるようだ。

鈴木さんは何も言わず、ただ微笑んだ。

流氷の中に入っている塩水の細胞が、ウイスキーの中で溶けていく微かな音らしい。しばらくして、少し流氷の溶けてきたラフロイグを飲んでみた。さっきより塩味がほのかに増している。ふつうのオンザロックで飲むラフロイグはちょっと強烈だが、流氷ロックでは、優しさと強さを兼ね備えた色気のあるウイスキーになっている。

「剛気に構えているけど、じつは繊細。シャイだからほんとのこと、なかなか言えないんだ、おれ」というウイスキーの魅力の根っこをラフロイグは持っていて、それを流氷が上手に引きだしている。遠い旅をしてきた氷の懐の深さが、ウイスキーに思わず本音を呟《つぶや》かせている。そんな気がした。

＊

「『シバレるなあ。肌がぴりぴりする。今夜あたり来るんじゃないか』って、網走っ子は流氷が来る前にわかる。明くる朝には、決まって氷が接岸してるんです。でも、一晩すると氷は沖のほうに行っていたり。流氷は微妙な動きをするんです。風で押し流される。網走は風が強いから。夜、流氷が浜に押し寄せて、それが折り重なっていくときは、キューキュー哀しそうな声を出す。それがぼくらの家の中まで聞こえてきたものです。流氷鳴きと呼んでますが、今はそれも聞けなくなりましたね。

子どものころは、12月後半から3月まで海は真っ白でした。流氷接岸というのは、ただ単に海岸に氷が着いたということじゃなくて、それからどんどん氷が押し寄せてくる。やがて白い大氷原になって、海面はまったく見えなくなるんです。能取岬《のとろ》のような見晴らしのいいところから眺めても、水平線まで真っ白。シベリアのキツネが流氷に乗って、網走までやってきた

WHISKY

というくらいですから。網走の人は身近に流氷がいるんで、人間みたいに思っている。ぼくにとっては寅さんみたいな存在かな」

寅さん？　どうしてまた？

「昔は、ほんと厄介者だと思っていたんです。漁師は漁ができなくなるし、魚屋さんだって地元の魚が売れなくなるし、居酒屋も寿司屋も前浜のネタがなくなる。風が強くて体感温度は下がるし、学校や会社に通うのは難儀だし。

でも、厄介者なんだけど、来ると、なんだか親しみが湧いてしまう。で、いなくなると、網走っ子の間で『えーっ！　いついなくなった？』という会話が交わされる。風来坊だから、ふいっといなくなっちゃうんです。そうすると、ちょっと寂しい。

じつは、流氷に引っ付いて植物プランクトンがやってきてくれるので、魚も鳥も獣も増える。それがこの土地を支えてくれていたんだと後からわかってきた。ぼくらにとってちょっと厄介だけど、ほんとに親しい旅人なんです」

横のスツールに座っていた網走生まれの女性客が、こんな話をしてくれた。

「網走は旅人が多いんです。それに、官公庁の転勤族の人も。人が流氷のようにやって来ては去っていく土地なんですね。だから、受け入れるのも送り出すのも慣れているんです。見知らぬ人を拒まない。けっこう情は濃いんですが、こだわらないというか。今日、こうやってお話しして親しくなると、1年経っていらっしゃっても、まったく同じようにお迎えできる。不思議なことに、日本でもっとも南の沖縄人と気が合うんです。『来る者は拒まず。去る者は追わず』のほどよい距離をわきまえているっていうのかな。このスタンスは、きっと流氷とのつきあいで生まれてきたんじゃないかと思うんです」

＊

ジアスにはいろんな人が集まってくる。漁師、蟹屋さんなどの水産関係者、ジャズ・ミュージシャン、彫刻家、学校の先生、新聞記者、牧場主、商工会議所のメンバー、演劇関係者……あらゆるジャンルの人たちがやってきて、網走の一大情報交換センターになっている。

鈴木さんは東京の大学にいたころから演劇の脚本や演出をやっていて、網走に帰ってからも、地元の新聞社に勤めながら演劇集団の旗揚げ公演を手伝った。やがて、新聞社の社長と意見が合わず退社。演劇や音楽をやっている人間が集う場所を作ろうとパブをオープン。そこで見様《みよう》見真似《みまね》でシェイカーを振り、独学でバーテンダーになった。

そして、網走で最初のオーセンティック・バーを作ろうという機運が盛り上がったとき、先輩バーテンダーたちに「お前がやれ」と言われ、ジアスをオープンした。1990年のことだ。

「最初のパブもそうなんですが、網走に今まであるような店じゃつまらないと思って、シングルモルト中心でというのは最初から決めていました。若いころからずっとウイスキー党だったんで。ホワイトとかトリスを飲んでましたよ。東京時代はボトルと水を冷蔵庫に入れて冷やして飲んだりしてたんですが、東京の水は美味しくない。だったらストレートで飲むかって。網走では雪氷をウイスキーに入れて飲みました。これ、美味しいんですよ。

大学1年とか2年のころはコンパに行きましたね。円形カウンターの島がいくつかあって、バーテンさんが『こちらへ、どーぞっ！』てそれぞれ呼び込む。あの業態も今はないですよね。懐かしいですよねえ。

学生時代はバイトに明け暮れましたが、友だちと一緒にタイムファイブっていうコーラスグループのボーヤ（楽器の手配や積み込みなどミュージシャンの下支えの仕事）をしたことがあって。スコッチバンクみたいなライブハウスで仕事があると、ボーヤもカウンターに座ってお酒飲みながら音楽聴けたんです。雇い主から『これ、飲んでいいよ』て言われてボトルを見たら、『お、スコッチ！』。ヘイグだった。当時、憧れのウイスキーでしたから、よく覚えてます。

当時はバーボンもよく飲みましたよ。吉田拓郎の『ペニーレインでバーボン』の影響もあったでしょうけど。原宿までわざわざ『ペニーレイン』って店を見に行ったり（笑）。そのころからオンザロックが好きになりました。氷が溶けはじめるころって、ウイスキーの味が少し変わるじゃないですか。あれがすごく好きなんです。ロックはどんどん味が変わっていくのがいい。だから、バーではロックをオーダーして、わざと少し置いてから飲むんです。今も寝酒に30

ミリリットルくらい入れたロックを飲みますよ」

ぼくも吉田拓郎の「ペニーレインでバーボン」を聴いて、それまで飲んだことのなかったバーボンってどんな味なんだろうと飲みはじめたし、ヘイグにも思い出がある。サントリーで働いていたころ、ヘイグのヌードカレンダーを担当していたのである。鈴木さんの話を聞いていると、同世代のせいか、共感できる部分がやたら多い。

「ジアスという名前がどこから来たかというと……もともと『麦』というネーミングを考えてたんです。ウイスキーにしてもビールにしても麦からできますし、網走でも麦を栽培してますから。ところが、先輩の店にその名前があったんで、『大地』というのはどうかなと思ったけれど、『いやいや、もっと大きいほうがいい。地球とかジ・アースとか』と考えてるうちに、サントリーが『ジアス』というビールを発売したんです。そうか。その手があったのかと思って、詰めてジアスにしました」

その話を聞いて、再び驚いた。ぼくはそのジアスというビールにかかわって、ジミー・クリフが出演するレゲエ・イベントを企画したのだ。ここでも鈴木さんとのシンクロニシティがあった。ほんとに不思議だけれど、縁のある人は、必ずどこかでつながっている。

*

今から千数百年前、アザラシやトドを追いながら、流氷とともにオホーツク海を渡って網走にやってきた人びとがいたという。彼らはオホーツク人と呼ばれ、樺太から北海道のオホーツク沿岸や千島列島に住み、独自のオホーツク文化を残し、あるとき忽然と歴史の舞台から消えていった。

網走の街を貫流する網走川の河口、ジアスから歩いて行けるところに、モヨロ貝塚というオホーツク人の遺跡がある。オホーツク文化はアイヌ文化の土台を作ったともいわれ、アムール川流域が彼らの故郷と推測されている。船を自由に操りながらクジラやアザラシを獲るオホーツク人は、まさに大いなる旅人だった。

今は北海道の大地から姿を消したとされるオホーツク人だけれど、じつは網走の水や空気にそのDNAが映し込まれているのではないか。「網走人は沖縄人と気が合うんです」という言葉の底に、きっと海洋民同士の共感があるのだろう。

流氷はいまも毎年やってくるオホーツク人だ。

「ぼくらの原風景は流氷なんです」と鈴木さんは言う。じつは彼自身、21世紀を生きるオホーツク人なのかもしれない。

網走は地の果てではない。大昔から北の海に向かって明るく開かれていたのだ。

ふと気づくと、ラフロイグのグラスに浮かんだ流氷がいつしか消えていた。

残った液体にそっと口をつけると、海のエキスが加わった新しい飲みものが生まれていた。

マスター。
ウイスキー
ください

石垣・風まかせ …石垣島「エレファントカフェ」

初めて石垣島に行ったのは1993年の夏。

当時、ぼくはサラリーマンだった。毎日、二日酔いでふらふらしながら、組織で生きることや東京という街に疲れ果てていた。バブル崩壊後ますます露わになってきたこの国の社会のあり方にも、愛想が尽きはじめていた。そんなとき、親しかった編集者が石垣島への旅に誘ってくれたのだ。

「とんでもなく青い海があって、真っ白な砂浜で波に揺られているだけで、少しは気持ちが楽になるんじゃないか」

その言葉に引かれて、島へと向かった。

三日間ほどの旅だったが、毎日シュノーケリングをしてトコブシやサザエを採り、無人島でテントを張って、ビールや島酒を飲んで、シャコ貝やゴシキエビを食べた。ひとくちに「海が青い」といっても、八重山《やえやま》の海の青にはたくさんのトーンがあることを知った。

その後、日を措《お》かずに石垣島を幾度か訪ね、そのたびごとに南の島のエネルギーを注いでもらった。ぼくにとって、石垣島と八重山の海は、ネガティブからポジティブにバウンドしていく力をいただいた大切な土地だ。

＊

その石垣島にある「エレファントカフェ」に初めてお邪魔したのは2004年の6月。ちょうど沖縄の梅雨が終わり、夏が始まったばかり。まだ観光客も少ない、沖縄の最良の季節だった。

石垣市内の繁華街にあるビルの5階。エレベーターを下りると、正面に観音開きのウッディな扉があって、その右側だけが開いていた。左の扉周りには大きなサボテンや熱帯植物が置いてあり、開いた扉の向こうには、抑え気味の、あたたかく柔らかな光。高めのスツールに、客がひとり座っている。

居心地がよさそうなのは、背中の感じからわかった。

店の中に入る――。

ロサンジェルスやフロリダの店のように、モダンとエスニックが絶妙に混じり合っていた。洒脱な香りが、押しつけがましくなく漂っている。

初めてのバーに行くと、店に入ったときの第一印象でほとんど好き嫌いが決まってしまう。バーとお酒はほんとうによく似ている。スピードが速い。エレファントカフェとぼくは、ヴァイブレーションがよく合っていたのだ。

カウンターの向こうに、イケメンで細身、長髪の男が一人カクテルを作りながら、笑顔で挨拶をしてくれた。ちょっとシャイで繊細な感じが、都会のソフィスティケーションを感じさせた。

——この人はどこか違う。

人間も犬も最初にくんくん嗅ぎ合って、仲間かどうか互いを確認する。ぼくらは一瞥しただけで、たぶん同じ波動を感じたのだ、と思う。

男の身のこなしは、しなやかな植物のようだが、目つきがときおり鋭くなるのが印象的だった。話はまわりくどくなく、ストレート。だが、細やかな気遣いがある。何より会話のなかに笑いがあった。それ以来、島に行くたびに、ぼくは夜ごとエレファントカフェでグラスを傾けるようになった。

ことに好きなのは、この店の音響だ。とにかく、やわらかい。気持ちがいい。ナチュラルなサウンドが天井の高い空間を、海からの風のように流れていく。この音のなかにいると、からだやこころの凝りがほぐれていく。お酒を飲んでいると、酔い心地が明らかに違うのである。

石垣市内には、焼き肉屋(石垣牛が有名なので)や沖縄的居酒屋(特産の食材を使った沖縄料理と泡盛が主体の店)が多い。この十数年で内地からの移住者が増え、バーやカフェもたくさんできたが、図抜けてお洒落な店がこのエレファントカフェだ。

でも、ありがちな「形だけ＝ハードウエアだけのお洒落」ではない。表面的で浅薄なカッコつけのバーではない。それは、店を作り、経営し、酒をサーブする人間の骨の強さと洗練度が違うからだろう。

＊

カウンターに立つ吉竹浩樹《よしたけひろき》さん（1961年生まれ）は2002年、41歳で東京から石垣島にやって来た。生まれは山口県の小郡《おごおり》。高校卒業後、広島でアパレル会社の販売や営業マンをやっていたが、23歳のとき長兄の伝手《つて》で東京に。

長兄は東京で空間プロデューサーをやっていた。吉竹さんはCMのディレクターかプロデューサーになりたかったが、兄から「店作りもCMも同じだ。お前なりに考えて店をやれ」と、兄のプロデュースする店（「TOOLS BAR」：日本のクラブのはしりとして伝説的な店）を任せられた。そして、バーテンダー、営業、仕入れ……すべてを取り仕切る店長になる。

「当時、コマーシャルで活躍していたスタイリストやヘアーメイクの人たちはかなりマニアックな音楽を聴いていました。そういう連中に『DJやってよ』てレコード回してもらうと、ものすごくカッコいいことやるんですよ」

1980年代の東京は世界最先端の街だった。その街で高感度の人たちが集まる超一流のクラブ。デビッド・ボウイやブライアン・イーノ、シャーデーもやって来た。吉竹さんの表現欲求は店作りのために迸《ほとばし》った。たった２５坪の店で一カ月に1億円以上を売り上げたこともあった。

「カウンターは座れない。店の入り口から客がずーっと並んでいる。最盛期はカウンターでお酒をオーダーするまで３０分以上かかった。完全に満員電車状態です。入りすぎちゃったんで、『この店はやめて、もう少しおとなっぽい店を作ろうじゃないか』という話になって。その新しい店作りから、ぼくも空間プロデューサーの仕事を始めました」

それまでに芝浦インクスティックや全国各地のクラブで、ＤＪやバンドをからめた有名モデルのファッションショーやヘアーショーを企画したりしていた。そんなイベントは、今まで誰もやったことがなかった。その企画力を全開して、吉竹さんは「TOLOS《トロス》」という新しい店をプロデュースした。

「TOLOSではＤＪゴングショーというイベントを始めたんです。素人ＤＪが観客の前でオサラ(レコード)を回し、ウケれば赤ランプ点灯。ハズせばゴングが鳴って退場――そういうイベントです」

TOLOSも東京クラブ・シーンを代表する店になり、その後、空間プロデューサーとして「GAS《ガス》」「HALF MOON《ハーフムーン》」など数々の名店を作り上げていく。店の場所、ネーミング、内装、酒と食のメニュー、ＤＪの決定など、すべてをケアした。そして、評判を聞いた世界の一流ア

ーティストが、吉竹さんの作った店に次々とやって来たのだった。

＊

店作りのプロとして名声を博していた吉竹さんは、なぜその仕事を捨て、石垣島に来たのだろう？

「クラブ・イベントの仕事をすると、1回で100万円くらいポーンと入ってくる世界だったんです。1カ月に1～2回働けば、まあ、食べていけた。で、次、またイベントか店のプロデュースの仕事もくるじゃろかいと思って高をくくっていたら、なかなかこない。バブルも弾《はじ》けて、世の中がどんどん変わっていったころだった。そんなときに久しぶりにやった仕事が青山の『APOLLO《アポロ》』。これがまた爆発的にヒットして、ミック・ジャガーが来たときに、何かやりきった感があったんです。『ミックが来る店作ったんだから、もういいか』って」

その後、3店ほどプロデュースをして第一線を退き、設計事務所で朝9時から夕方5時まで電話番をしたりした。そのころも店作りの話がきたが、いまいちピンとこなかった。

「からだが振れない――。やりたくないことは、やらないほうがいいだろうと。自分が失敗するのもクライアントが失敗するのも嫌だから」

そんなある日、地下鉄の改札口を出ようとしたら、目の前で若いサラリーマンと年配の男が「肩ぶつかっただろが」といきなり殴り合いを始めた。

「何じゃこりゃ！　と思いましたよ。でも、東京の街を歩いて、よく見ていると、そんなことがフツーに起こっていたんです」

サラリーマンのグループと結婚式帰りのグループが駅のホームを走り回って、殴る蹴るの喧嘩をするのを目撃したこともあった。

「『なんて殺伐としてるんだろう、人の心が渇ききっている』と思った。こんなところにいるオレ自身も、おかしくなってるんじゃないかって。いつも疲れてイライラしてたし……。ぼくは、幸い勤め人じゃなかったし、家のローンがあるわけでもない。結婚もしていない。逆に言えば、『どこでも暮らしていけるじゃん』て開き直りがあったんですね。今まで空間プロデューサーでチヤホヤされていたけど、そういうのは別にいいや。たぶん一生食っていくことはできないだろうと思っていたし。他人から嫉妬されるカッコイイ店を作り続けるなんて、まず無理なんです」

そのとき、頭に浮かんだのが、八重山の海だった。

「2回しか来たことがなかったけど。1回目はあいにくずーっと雨。ところが2回目のとき、海のあまりの美しさに感動して、いつかこんなところに住みたいなと思ったんです」

最初はアルバイト暮らしだったが、島の知人が「ここなら100万円あれば店ができるよ」と言う。昼間は海に行って夜バーをやるのもそれはそれでいいかと、その言葉を真に受けて、吉竹さんは店作りを決意した。というのも、年齢が年齢(41歳)なのでハローワークに行っても仕事がなかったし、飛び込みで就職活動をしても相手にされなかったからだ。やがて真剣に物件を探しはじめ、出会ったのが、今のエレファントカフェの場所だった。

「大きな窓があって、晴れ渡った空の下、真っ青な海の向こうに竹富島《たけとみじま》も黒島もくっきり見えたんです。西表島《いりおもて》のほうに見える夕焼けも、めっちゃきれいだった」

これならできる、と思った。今までの人生、チマチマした計算を超越した直感で動いてきたのだ。その感覚が「大丈夫」とささやいた。

そして2002年11月。エレファントカフェはオープンした。

*

大きな窓からは街の灯《あか》りが見える。

いまカウンターには、吉竹さんと妻ののりこさんが二人で立っている。

のりこさんは2006年から店を手伝うようになった。石垣暮らしは吉竹さんよりも長い。エレファントカフェの客として知り合い、05年11月に結婚。かつては大阪で会社勤めをしていたが、その後、石垣のダイビング関係で働き、現在はコーディネーターの仕事もしている。のりこさんは言う。

「カウンターに立っている時間はダンナよりずっと長いですよ。『奥さんですか?』て訊かれると、『いえ。表さんです。奥なんかに引っ込んでませんよ』て言うんです（笑）。わたし、ほんとド素人なんです。吉竹は何一つ教えないし、あれしろこれしろとやかましいことも言わない。私は彼の足りない部分を見つけて、遊軍というか、そんな感じで動いてるんです。バーテンダーのシェイクにこだわっているお客さんがいらしたら、逆に、『教えて教えて』って振り方を教わったり（笑）。みんな親切に教えてくれはるんですよ」

シェイカーを振る姿を見たかったので、マンゴー・ギムレットをオーダーした。ドライジンにマンゴーリキュール、レモンジュースを加えてシェイク――シャカシャカという軽快な音が、ボサノヴァの優しい音に混じって聞こえてきた。グラスへの注ぎ方も丁寧だ。ひとくち味わう。と、石垣島のマンゴーが熟《う》れてアルコールを醸しだしたような、甘みと酸味、酔い心地が一体となった、美味しいカクテルになっていた。

でも、店で一番よく出るのはジン・トニック。季節に関係なく定番だそうだ。そのほか、最近はモヒートやハイボールも多い。炭酸系のすっきりしたものが人気だ。

吉竹さんが冷凍庫でキンキンに冷やしたトリスを取り出してソーダで割る。それを美味そうに飲みながら言う。

「お客さんは、内地経験のある島人《しまんちゅ》と内地からの移住者が多いですね。早い時間は観光の方。島人は、うちでは泡盛はほとんど飲まない。洋酒やカクテルばかり。『シマー（島酒）は居酒屋で飲んできたさー』の世界なんです。『美味しいハイボール作って』という人も増えましたね」

そのときは、どのウイスキーをベースにするんですか？

「お好みのウイスキーはありますかって一応訊きますけど、『任すよ』と言われると、やっぱり白州かな」

じゃ、それください。

*

吉竹さんが冷凍庫から取り出したのは、緑のラベルに白抜きで「白州」と書かれた10年もの。

「石垣サマーハイボールを」

円い氷の入った大きめのロックグラスに、白州10年を45ミリリットル。冷凍庫で冷やされたウイスキーは明るい黄金色に輝き、少しとろみを帯びている。炭酸を氷にぶつけないように静かに注ぐ。ウイスキー4、炭酸6の比率。そして、緑の長い葉っぱをグラスに差し、カウンターの向こうからスッと滑らせた。

この葉は——？

「ま、飲んでみてください」

白州本来のキレの良さをそのままに、青リンゴのような微かな甘みと酸味。軽めのボディが

白州

炭酸にとてもよく合って、爽やかだ。ほのかにレモンの香りがする。レモン・ピールも搾っていないのに……。

吉竹さんの目が「でしょう?」と笑っている。

「レモングラス。女房が閃《ひらめ》いたんです。ミントもいいけど。けっこう、これ、いけるでしょ?」

たしかにタイやヴェトナムに行くと、レモングラスを料理に上手く使い、香りのハーモニーを生んでいる。南の遺伝子がこのレモングラスにある。石垣で飲むハイボールにはぴったりだ。

のりこさんの手作りスモークが出された。卵、チーズ、スパム、イカ、スーチカー(沖縄の伝統料理、豚肉の塩漬け)が、それぞれ品良く燻《いぶ》されている。30年以上ウイスキー樽として使われたホワイトオークとヒッコリー(クルミ科の広葉樹)をブレンドしてスモークしたという。

カウンターに置かれたときから、すでに美味しそうな燻香がたっている。卵の黄身は半熟と固ゆでのちょうどなかば状態の良い加減。くにゅっとした歯応えがたまらない。ほのかにスモーキーな白州と香りの相性がいい。

とくにスパムが秀逸だ。沖縄料理でよく使われるスパムは、その独特の匂いから普段はちょっと敬遠しているが、このスモーキー・スパムはまるで違う。ほとんどベーコンのような香り。いつものスパムとはまったくの別物。塩気と煙の香気を口いっぱいに満たしながら、白州ハイボールで舌を洗う――と、エメラルドグリーンに輝く八重山の海の味がした。

以前から吉竹さんと、シュノーケリングに行って浜で酒を飲もうと約束していた。海を眺め、潮風に吹かれながらゆったり飲む――酒は青天井で飲むのがいちばん美味い。

*

が、せっかく海に行こうとしていたその日に、台風の影響で風雨がつのってきた。ちょっと迷ったが、浜で飲みたい気持ちは動かない。泡盛ではなく、ウイスキーをこの土地と合わせてみたかったのだ。

のりこさんの運転で、市内から車で20分ほどの米原《よねはら》キャンプ場に向かった。大粒の雨が車のフロントガラスを音たてて叩く。ヤエヤマヤシの林も真っ白に煙っている。

「石垣や沖縄がいつも青空ってわけじゃないですから」

吉竹さんがふわっと言った。

そのとおりだ。観光写真によくある青空だけの沖縄なんて、嘘ばっかり。ニコニコ顔で映るウチナーンチュも大嘘だ。沖縄には、ヤマトから切り捨てられ、集団自決や地上戦を強いられ、米軍基地を押しつけられ――日本という国にいいように利用されてきた歴史があり、それは今も続いている。沖縄は笑顔や青空だけではない。泣き顔や台風やひどい出来事が山のようにある。都合よく色眼鏡をかけて眺めるのはやめたほうがいい。

雨は激しく降り続ける。

芭蕉の大きな葉っぱが雨に打たれ、リズミカルな動きを繰り返し、ブーゲンビリアの花がはらはら散っていく。石垣の雨はストレートだ。だから、土や植物のみずみずしい匂いが、解き放たれたように立ち上がってくる。

「雨を肴に飲みますか」

キャンプ場の屋根付きオープンキッチンで、吉竹さんが白州をグラスに注いだ。

土を叩く雨の音だけがする。

みどりの香りがあたりに色濃く漂いだした。くねくねと繁茂する亜熱帯の植物とは違う。でも、それとどこか通底する、何一つ不自然なもののない香り——。

「店よりもここのほうが、ウイスキーが香りませんか」

雨の飛沫《しぶき》に濡れながら、吉竹さんがうれしそうに言った。

ほんとだ、どうしてだろう……?

「きっと、このウイスキーと土地のチューニングが合ったんじゃないかな」

白州を炭酸でザッと割ってごくりと飲み、タッパーウエアに入れてきたスモークチーズをひょいとつまんで口に入れた。

「そこで生まれたものだけが、その土地にチューニングできるとは限らないですものね」

＊

前の晩、吉竹さんが、空間プロデューサー時代の自分の店作りについて、「引き算」と言っていたのを思い出した。

「とにかくいろんな店を見て歩いて、『あれでもない』『これでもない』と他の店でやってないもの、オリジナルなものを考え続けたんです」

引いて引いて残ったところに、新しい創造の星雲が潜んでいるはずだ。本質は表面にはない。核心は最奥《さいおう》に隠されてある。「露骨」の骨とはコンセプトのことだ。コンセプトが露わになった人やモノは品がない。

吉竹さんは、スペックやレシピ、技術やルールで酒を語ることをしない。そんな瑣末なことには興味がない。

「酒ってたましいじゃないですか。シェーカーの振り方がどうの、ステアがこうの、ごちゃごちゃつまんないことを、あれ知っている、これ知っているなんて、どうでもいいですよね」

酒の魅力はそんな皮相なところにはない。見栄や知識で酒を飲むのではなく、たましいが酒を欲するのだ。

人間と人間、自然と人間、宇宙と人間が出会うために、酒はあるのではないか。知識や技術やカタログ情報に傾くのは、本質に迫るのが怖くて、そこから逃れるためだろう。

ファストフード店やファミレスで、「よろしかったでしょうか」という過剰な丁寧語やこねくり回した奇妙な言い回しをよく聞く。これも、人間と人間がコミュニケートするときに衝突する危険性を回避するための一種の「逃げ」だ。

自分の考えをストレートに出すのが怖い。相手にストレートに出されるのはもっと怖い——だから、真綿で何重にもくるんだ言い方になる。

もともと、酒は人と人あるいは神と人との間にあるコミュニケーション障壁を取り払って、両者をつなぐものだった。

吉竹さんは気持ちよくストレートに酔っていく。その波に同調して、ぼくも気持ちよく酔っていく。そうして、ぼくらのたましいは溶けあい、土地とチューニングし、美しい音楽が聞こえはじめる。

グラスに大粒の雨が入る。

薄くなったハイボールを飲みながら、吉竹さんが言う。

「やっぱりウイスキーには、ちょっとした翳《かげ》りが必要なんですね」

マスター。
ウイスキー
ください

雨の大阪アイリッシュ
…大阪「ザ・テンプルバー」

大阪は濡れている。空気にどこか湿り気が含まれている。

そういえば、大阪を題材にした歌には雨が歌われているものが多い。たとえば、欧陽菲菲《オーヤンフィーフィー》の「雨の御堂筋」では、小ぬか雨が降っているし、上田正樹の「悲しい色やね」では、にじむ街の灯を二人で見ている。都はるみの「大阪しぐれ」では、雨もように夢も濡れていく。

大阪はじつに雨がよく似合う街なのだ。

＊

東と西。東京に対して、大阪は反中央のシンボルだ。豊臣家が大阪の陣で徳川家に敗れて以来、大阪人は東京(江戸)に対してアンチであり続けてきた。

将棋の「王将」阪田三吉は東京の名人・関根金次郎に勝利すべく努力を続け、タイガースはつねに打倒ジャイアンツで燃え上がる。1960～70年代の音楽シーンでは、東京発の既成ポップスに対して関西フォークがアンチを宣言。それがブルース・ブームを呼び起こし、やがて憂歌団《ゆうかだん》や上田正樹を生んでいった。

ぼくは、東京生活が人生の半分以上になってしまった在東京大阪人である。エスカレーターも左側に乗ってしまうし、言葉も生粋の大阪弁ではない。けれど、どこの人ですかと訊かれれば、大阪人ですと答える。

そんな人間にとって、自らをアホにせず他人の頭を叩いて笑う勘違い芸人や自己顕示欲で関西弁をうるさく喋るタレントたちが大阪人だと思われるのは、恥ずかしいかぎりである。

上方落語界には桂米朝《かつらべいちょう》や枝雀《しじゃく》。漫才界にはいとし・こいし。上品な笑いが上方の真骨頂であり、下品さが大阪と思われているのは心外だ。反骨精神を、やわらかい笑いで包むことこそ、大阪の文化だろう。

*

数年前に初めてアイルランドに行った。

ダブリン空港に着き、街なかに入るにつれて驚いた。ヨーロッパなのにアジアの匂いがする。大らかでざっくばらんな、人の暮らしの匂いだ。なんか大阪に似てるなあと思った。

大阪の街の風情や人の表情、派手な広告看板は、無機質で無表情な東京よりも台北やバンコク、ジャカルタにずっと近い。ダブリンの看板もシンプルでわかりやすく、商売の温もりがした。歩きながら煙草を吸う人が多いのも大阪と似ている。何より、ダブリンは雨が多い。街がいつも濡れているのだ。

アイルランドは、歴史的にイングランドに対して強いアンチ精神がある。それは韓国が日本に、大阪が東京にもつ感覚を思わせる。

だからだろうか。アイルランドに対して強いシンパシーを抱いてしまう。アイルランド人は、アングロサクソンによって辺境に追いやられたケルト民族の末裔だ。ケルト人は酒と音楽、スピード(馬に乗ること)を愛した。遺跡に行くと、渦巻き文様をしばしば見かけるが、渦巻きは「めまい」の象徴だ。酒も音楽もスピードも、社会学者ロジェ・カイヨワのいう「めまいの遊び」にほかならない。

灰色の空の下で陽気に生きるアイルランド人は、よほどへそ曲がりか幼心《おさなごころ》にあふれているのだろう。

ちなみに、灰色の街(「大阪で生まれた女」の歌詞)に暮らす大阪人が陽気なのは、「商売で素直さに優るものはない」と知ったうえでの幼心なのだと思う。

*

この店に来るためだけに大阪に来てもいい——北新地にある愛蘭土《アイルランド》酒場「ザ・テンプルバー」は、ぼくにとってそういう飲み屋だ。

マスターは上野一男さん(1950年生まれ)。その立ち位置を囲むようなコの字型カウンター10席。壁際に14席。15坪あるかないか。客が多いときは立って飲む。店名はダブリンの飲み屋街テンプルバーから付けられた。

以前は、お初天神近くの、雨が降ればドロドロになるような路地に面して店があった。当時は今よりもずっと狭かったので、「日本一小っちゃいアイリッシュ・パブですねん」と、上野さんが人なつこそうな笑いを浮かべながらやわらかく言ったものだ。この汚い路地がよかった。映画『アンジェラの灰』に出てくるようで、じつにアイリッシュぽかったのだ。

今の店はたぶん、日本一小さいとは言えないだろう。だが、上野さんの笑顔と風情はずっと変わらない。

しかし、この目と笑いがクセ者……。

昔はきっとキタやミナミでヤンチャやってたんやろな、とうかがわせる目つきなのである。

――あんまりアホな酔い方はでけへんぞ……。

ひとこと自分を戒めて、まずは席につく。

六本木あたりの流行りのアイリッシュ・パブとは対極にある。気楽でくつろげるカウンターバー。ちょっと見方を変えると、カウンターの中で串カツでも揚げていそうな雰囲気。時代や流行にはまるで媚びない。カッコだけの真似事など決してしないのだ。

上野さんは1980年にアイリッシュ・ウイスキーの店を開いた。アイルランドとのつきあいはじつに長い。

「最初、アイルランドのことなんか全然知らんかったんです。入り口はウイスキー。アイリッシュ飲んだら、なんかホッとするんですね。最初、タラモアデューを飲んだんです。そしたら、するするーっと入ってね。なんぼでも飲めた。その夜のことを覚えてないくらい飲めたんです。えっらい目に合いましたわ。そやけど、これやったらお客さんの回転早《はよ》なるわ、思てね。商売的にはね(笑)。でも、最初、お客さんは『何、これ?』いう感じでねえ。なんせリザーブの時代ですもん。タラモアなんて誰《だーれ》も知らん。『アイルランドのウイスキーです』言うたら、よけい『何、それ?』て」

高校卒業後、キタにある高級洋食レストランに勤め、ウエイターをしながら、洗い場もこなし、調理の仕方を見様見真似で覚えた。やがて独立。最初に作った店がタラモアデューの専売スナックだった。

「そのころ、タラモア専門店なんて全国におまへんで(笑)。そんなん、うちだけですわ。年間900本売って、売り上げ日本一にもなったんです。『ようけ売ってくれた』いうことで、96年にサントリーさんからのご招待で、初めてアイルランド行かせてもろたんです」

ダブリン3泊。コーク3泊。蒸溜所巡りを午後5時までやって、その後は、一人で行き当たりばったりの「パブ・クローリング」。午前0時までパブを漂い、その後はクラブ。毎晩2時、3時まで遊んだ。

「酔うたら強気になるんで、英語も上手いこと喋れましたわ(笑)。向こうはぼくらの仕事を

tullamore dew
A BLEND OF RARE OLD
IRISH WHISKEY
IRISH WHISKEY

Tullamore
Dew
IRISH WHISKEY
12
Dew

BLENDED IRISH WHISKEY
Tullamore dew
LIGHT AND SMOOTH
ESTABLISHED
1791
IRISH WHISKEY
PRODUCT OF IRELAND

Ireland

バーテンやのうて、バーマン言いますねん。コークは大阪によう似てました。なんや、ごちゃごちゃしてましてね。

そやけど、アイルランドいうとこはホスピタリティよろしいなあ。大阪のおばちゃんみたいな人ようけおるんです。道訊いても、めちゃくちゃ親切。一緒に歩いてついてきてくれたり。パブも、ロンドンとダブリンはえらいちゃいまんな。ロンドンで一人で飲んでても誰も声かけてくれへんけど、ダブリンのポブやったら(みんなパブやのうて、ポブ言いまんなあ)『あんた、どっから来てん?』て、冗談言いながら根掘り葉掘りいろんなこと訊いてくるんです。

ネクタイきちんと締めたお爺ちゃんの二人連れとカウンターで隣同士になったことがありましてん。『いつまでダブリンにおるねん? 日本、知ってるで』てニコニコしながら訊いてくるんで、お酒おごってあげたら、『明日の夜も来るか?』『うん』で、翌日行ったら、お爺ちゃんら二人、約束ちゃんと守って来てくれてた。そして、今度はおごり返してくれたんです。男ですわ。向こうでは定年になってリタイアしても、ネクタイ締めてポブにやってくるんですねえ。ほんま、ええ感じですわ」

その旅でアイルランドとほんとうに出会ったのだと上野さんは言う。

＊

「前はアイルランドいうても知ってる人、少なかったんです。『アイルランド? そうかそうか、アイスランドなあ。寒いとこやん』『アイルランド？　ああ、イギリスのねえ』『アイルランド？　あの臭いウイスキーの島やろ？（……ちゃうやん。あれはアイラ島）』――。でも、日韓ワールドカップ以来、アイルランドのこともようやく知られてきて、ウイスキーもギネスもよう飲まれるようになりました」

この店に来るのは上野さん目当ての人も多い。ふんわりおもろいマスターとの会話が何より酒のつまみになる。

やって来るのは日本人だけではない。アイルランドのミュージシャンは大阪でライブがあると、必ず飲みにくる。格好ばかりアイリッシュ風の店には、本物は来ない。ここにはざっくばらんで人間的なアイルランドの空気が流れている。だから、彼らもとことん酔っ払う。タイガースが優勝した２００３年にはアイルランドのミュージシャンがフィドル（ヴァイオリン）で「六甲おろし」を演奏し、大いに盛り上がった。

「放っといたら朝までやりまっせ」

言いながら上野さんがうれしそうに笑った。

＊

この店の名物。それは「天下無敵のカツサンド」。大阪人の大好物ヒレカツサンド（もちろんビーフ！）のテンプルバー版である。しかし、どうして天下無敵なんだ？

「そんなん、自分で言わへんかったら誰も言うてくれませんやん」飄々と答える。

カリッと焦げた衣に包まれたジューシーな牛ヒレ肉。トマトケチャップをベースにしたオリジナルソース（パルメザンチーズ入り）が塗られ、ほどよく焼けたトーストにはさまれて出てくる。パンをサクッと歯で噛み切ると、ソースとジューシーな肉の味がじゅわっと混ざり合い、ヒレが舌にやわらかく絡みつく。噛まずに食べられるほどふわっとしている。

タラモアデュー12年を山崎の天然水からできたプレミアムソーダで割って、グビッ。上野さん一押しのハイボールだ。

これは、いい。ウイスキーと炭酸水と、それぞれ円やかなもの同士のマッチングが上品だ。さらっとして、ほのかに甘いタラモア・ソーダは、肉汁と抜群のハーモニーを生み出している。これはたまらない。このカツサンドのためだけに大阪に来てもかまわない。毎回そう思う。

＊

「こういう飲み方知ってはりますか？　T&Tいいまんねん。タラモアの会社から英語のレター来ましてん。『これ飲んでみぃへんかぁ』て」

T&T？　タラモア&テンプルバー？

「ちゃうちゃう。タラモアとトニックウオーター。ちょっと試してみます？」

見た目はハイボールと変わらない。が、飲んでみると、辛さと甘みがほどよく調和して、真

TO TEMPLE
YOU'RE THE BEST.
EMEDIN
A GREAT PLACE TO PLAY!!!
THANK YOU.
BEST PINT IN OSAKA!
THANKS

TEMPLE

夏の昼下がりに少しスイートなものが欲しいときにぴったりな感じがする。爽やかでピリッとした甘みがある。

「ジンジャーエールで割るのも、けっこう美味しいですよ。ジン・バックのウイスキー版やね」

そうこうするうちに、客が一人、二人と扉を開けて入ってきて、次々カウンターにつきはじめた。何度か通ううちに見知った高校の体育の先生は、きれいに禿げあがった頭をつるりと撫でて、挨拶してくれる。

「いやあ。去年、定年になりましてねえ。ほんでも、テンプルバーには出席し続けてるんですわ」

渋味のあるおとなの男が笑うと、少年のような顔になる。背筋は真っ直ぐ。腕も筋肉質。今も胸は分厚い。相変わらず、草原を駆け回るチータのような鋭い目つきをしている。こういう上質なおとなの客がたくさんやって来るテンプルバーは、ダブリンのポブに近づきつつあるのかもしれない。

見知らぬ客同士が、しばらくするとジョークを言い合っている。

店でカクテルはほとんど出ない。せいぜいソーダかトニックウオーター割り。

「どこそこのウイスキーが美味しいとか細かいこと、ぼく、ようわかりませんねん。ぼくのやることは、ワンショットメジャーをピュッと上げて、サッとステアするだけ（笑）」

謙遜するが、このシンプルさのなかに上野さんの深みがある。

決して多くを喋るわけではなく、無口でとっつきにくいわけでもない。ほどよい質と量の会話。真面目なことをストレートに言うのは野暮な田舎モンのすることなので、必ずそこに笑いがある。笑った後に、「………」と、しばし考えさせられることもたびたびある。

直球のようで直球でなく、カーブのようでカーブでない。この球の放り方はたいへんなものだ。

「うちに来てくれるお客さんに三つのパターンがあります。一つは、ぼくを目当てに来てくれる。アイリッシュ・スナックと思てくれてはるんやね（笑）。二つ目は、カツサンドが美味しいから。三つ目は、アイルランドが好きやから。この三つのパターンですわ」

上野さんと初めて会ったときの緊張感が忘れられない。ヤンチャだったころのにおいがしたからだ。でも、話をするうちに、ぼくがウイスキー好きなのがわかると、アイリッシュの稀少なボトルからストレートグラスに琥珀色の液体を何気なく注いで、

「これ、美味しいですよ」

すっと目の前に出してくれた。

この呼吸。この間合い。ぼくは、上野さんの「気」にまいってしまったのだ。

「アイリッシュ・ウイスキーて不思議ですね。なんで、飲むとホッとするんでしょうねえ。ホワホワホワ〜てする。少し甘みがあるねんね、これ。うちの店でも、女の子が『美味しいわあ』て言うもんねえ」

＊

上野さんはアイルランドのどこが好きなんですか？

「うーん……やっぱり『人』ちゃいまっか？　お酒は、生まれた土地と人の味でしょ？」

そういえば、大阪・生野《いくの》出身の元憂歌団のブルース・ボーカリスト・木村充揮《あつき》さんは、こう言ったことがある。

「汚い街やけど、ぼくは大阪が好きやねん。どこそこの街がきれいやから、あそこに行きたいとか、あの景色を見ていたいから、あの街に住みたいとか言うけど、ぼくは友だちがいる街が好きや。大阪にはいっぱい友だちがおる。友だちとお酒飲んで、ワイワイ騒いで楽しく暮らす。それがぼくの幸せやねん」

その街が好きなのは、そこに好きな人がいるからだと木村さんは言った。

お酒も同じことなのだ。

上野さんは自らの酒場を「日本一ゆるい店」という。ゆるさとは「間」のことだ。上野さんと客との会話の間あい。その「間」をアイリッシュ・ウイスキーが静かに潤している。

＊

テンプルバーを出ると、さらさらと霧雨が降っていた。
雨は心の襞《ひだ》にやさしく染み通る。
たとえ晴れていても、大阪もアイルランドも、きっと濡れている。
この湿り気を「情け」というのかもしれない。

マスター。
ウイスキー
ください

スタンド・バイ・ミー …大阪「堂島サンボア」

大阪は何といっても夏だ。あのムワッとした暑さが魔力なのだ。

もちろん、昼間は限りなく暑い。が、もっとひどくなるのが、夕暮れ少し前。炎熱が去ったかな……とちょっと気を緩ませたころやってくる瀬戸内独特の凪《なぎ》——風がぴたりと止まり、ミストサウナに入ったような耐えがたい湿気と熱気が襲ってくる。とくに、市内中心部はひどい。高層ビルが建ち並び、ガラスの壁に夕焼けが赤々と映り、それがまた舗装道路と一体となって、熱の分子を乱反射させせる。

かつて水の都＝なにわ八百八橋といわれ、たくさんの川が市内を流れていたが、今はそれも埋め立てられ、涼気を誘う水は遠のいてしまった。少なくなった川のなかでも、中之島を挟んで流れる堂島川と土佐堀川は、街を潤してくれるありがたい水景色だろう。

＊

夏の夕方、まだ日の高いころ、地下鉄・肥後橋駅から「堂島サンボア」に向かう。

冷房も風もない、長い地下道を北に。なぜか階段を上ったり下りたりしながら、地上に出るころにはシャツはじっとりと濡れている。やがて堂島川が見え、少し息をつく。凪とはいっても、川の上には微かな風が吹いている。心なしか潮の匂いもする。渡辺橋を渡り、サントリーのビルを左に見て、四つ橋筋を右折。再び熱気にさらされたビルの谷間を、汗を拭きふき歩いていく。

やがて小さな四つ角を左に曲がると、ふっとそこだけ静謐な月の光が当たったように堂島サンボアが建っている。玄関横の窓の上に「SAMBOA BAR」と上品な真鍮製のロゴ。右手の煉瓦壁にも、同じく真鍮でできたプレートがしっとり輝いている。

初めてこの店に来たのは20年以上前だろうか。そのときはまるで気づかなかったが、店は一軒家なのである。いかにもイギリスの田舎にあるパブのようだ。

扉の取っ手も蹴板《けいた》(扉の下部に取り付けられた金属板)も真鍮。クラシカルな建築と落ち着いた金属の光が、おとなの風合いを醸しだしている。

汗は額、顔、背中、脇とそこらじゅうから噴き出している。乾ききった砂漠の中にオアシスを見つけたような気分で扉を開ける——。

一瞬、気温がすーっと下がった。

それは、冷房のせいばかりではない。

カウンターの中に、白い上着を着て、黒の蝶ネクタイを締めたマスター・鍵澤秀都《かぎさわひでと》さん(1967年生まれ)が背筋を伸ばして立ち、ぴかぴかに磨き上げられた真鍮のバー(カウンターに付いた肘置き)が、仄暗い照明を受けて、閑雅な光を放っている。

カウンターに椅子はない。堂島サンボアは基本的にスタンディングなのだ。だから、よけいにカウンター周りがきりりとしているのかもしれない。

そのカウンターはもちろん、バックバーに居並ぶウイスキー・ボトルたち、床、木の窓枠も、壁も、それらは年代ものであっても、すべてぴかぴかに磨き上げられ、居住まいを正している。

静けさが心身から余分な熱を奪い、脈拍を下げ、呼吸を整えてくれたのだ。

この引き締まった気持ちよさは何だろう——。

レイモンド・チャンドラーが『長いお別れ』の中でこんなことを書いていたのを思い出した。主人公の私立探偵フィリップ・マーロウに向かって、飲んだくれの友人テリー・レノックスがいう言葉である。

「ぼくは店をあけたばかりのバーが好きなんだ。店の中の空気がまだきれいで、冷たくて、何もかもがぴかぴかに光っていて、バーテンが鏡に向かって、ネクタイがまがっていないか、髪が乱れていないかを確かめている。酒のびんがきれいにならび、グラスが美しく光って、客を待っているバーテンがその晩の最初の一杯をふって、きれいなマットの上におき、折りたたんだ小さなナプキンをそえる。それをゆっくり味わう。静かなバーでの最初の静かな一杯——こんなすばらしいものはないぜ」(清水俊二訳)

まさにここにある「あけたばかりのバー」の空気感が、堂島サンボアにある。月曜から金曜までは17時、土曜は16時にオープンする。空気のきれいさはずっと閉店まで続くのだが、やはり夕方の早い時間に訪ねるのがお薦めだ。

＊

もちろん、最初の一杯は角瓶のハイボール。

かつて堂島サンボアで飲んで以来、ぼくのなかでハイボールの概念は大きく変わった。

まず、グラス。この形がサンボア独特。グラスの下端に、指で持ちやすいように凹みが入っている。こんな小さなところにまで気を利かせているのがたまらない。大切なことは細部（ディテール）に宿るのだ。

2番目に、冷蔵庫でキンキンに冷えた角瓶と炭酸（なぜか、ソーダというより、炭酸と言いたくなるのがサンボアなのである）。

3番目に、氷は入れない。なぜなら、ウイスキーも炭酸も冷えているので入れる必要がないし、氷を入れると、液体が薄まり、ガス圧も弱まってしまうからだ。

この3つの要件を満たしているのが、サンボアのハイボールである。

鍵澤さんがグラス（10オンスタンブラー）にトクトクトクと冷えた角を注ぐ。この量は60ミリリットル。ダブルである。

カウンターの上には濃紺と朱色のユニオン・ジャックをデザインした店オリジナルのコースター。真ん中に黄色で「SAMBOA BAR」、小さく白文字で「Established 1918」と記されている。

カウンターに取り付けられた栓抜きで、炭酸のボトルをシュポッと開栓し、ほとんど真っ逆さまの状態にして、ウイスキーの入ったグラスに炭酸を注ぐ。2つ同時にハイボールを作るときは、炭酸のボトルを両手に持って、逆八の字の形で注ぐ。この姿を見ているだけでも、爽快感があるから不思議だ。

グラスに炭酸が注がれても、ステアはせず、レモンピールをシュユッと搾る。これは角瓶のハイボールだけに行われる儀式だ。

「ステアすると炭酸が抜けますんで。炭酸を注いだとき、すでに液体は混ざっていますしね」

コースターの上にサッとハイボール・グラスが置かれた。カクテルを作るスピードも、爽快さを増しているのだろう。

寿司屋で握りを出されたときと同じように、すっと手を伸ばしてグラスを取り、クッと飲む。濃い。炭酸のパンチも強い。舌の奥を痺れさせ、喉へのアタックも心地よい。

このウイスキー密度とガス圧の高さが、大阪の燃えさかる炎熱をあっという間に鎮めてくれる。サンボア・スタイルのハイボールは、大阪の暑さがあってこそ生まれた賜物なのではない

Maker's Mark

EXPO

か。急速に汗が引いていくのを感じながら、そう思った。

＊

鍵澤さんにサンボア・ハイボールのレシピがいつ出来たのか訊いた。

「創業当初から同じレシピだと思うんですが。もともと洋酒やから、水で割るという習慣はなかったと聞いてます。氷も昔は液体に入れるものじゃなかったと。氷はモノを冷やすもんやった。だから、うちに冷蔵庫がないときは、氷を並べて、その上に炭酸を置いていたと親父からは聞いてます。ハイボールに氷を入れないのは、そこからきているのかもしれませんね」

堂島サンボアは秀都さんで3代目である。

なぜウイスキーはダブルなのですか？

「炭酸で割ったときの濃さが、ちょうどダブルが一番合うんじゃないですかね。60ミリリットルのウイスキーに190ミリリットルの炭酸を注ぐと250ミリリットル。ちょうど良い具合に300ミリリットルのグラスの上の部分が空くんです」

炭酸には何かこだわりがありますか？

「やはりガス圧の強さと粒の細かさですね」

一番よく出るのは？

「角瓶のハイボールですね。半分くらいの方が頼まれます。でも、最近、ハイボール・ブームで誤解されている方が多いみたいです」

誤解……？

「『サンボアいうたらハイボール。しかも角瓶』て周りが勝手に決めはったんです。しかも、最近の若い人は、角瓶で作るものだけがハイボールやと思てはるみたいです」

……。一瞬、意味がわからなかった。

「このあいだも、角のハイボールを何杯か飲んでいた若いサラリーマンの方が『じゃ、次は山崎を炭酸で割ってください』と言うんです。で、横にいた上司の方が『お前、それハイボールやないか』というと、『えっ？　ハイボールて角瓶のことでしょ』て。山崎を炭酸で割るとハイボールじゃないと思っているみたいで、あれはちょっと衝撃的でした」

そう言って、鍵澤さんはほのかに苦い笑いを浮かべた。

「ですから、一見《いちげん》のお客さんに『ハイボール』とオーダーされると、『ウイスキーは何にしますか？』と訊くようにしとかんとあかんのです。若い人にはハイボールは新しい飲みもの、年配の方には懐かしい飲みものなんです。今までスーパーニッカの水割りを飲んでた人が、『ハイボールかあ。ええねえ。ほな、ぼくも角瓶で』とオーダーされますよ。水割りの人は少なくなりましたね」

＊

店を開けて30分経った午後5時半。

熟年の部長風サラリーマンが一人、玄関扉を開けて入ってきた。常連客のようで、L字になったカウンターのちょうど角あたりに立った。夕暮れの光が扉の上にあるステンドグラスを美しく際立たせている。「夕暮れの時はよい時。限りなくやさしいひととき」とうたったのは堀口大學だったろうか。

一人客はマッカラン12年をロックでオーダー。立方体の氷がグラスの中できらりと光る。カウンターの端で飲んでいるぼくからは、彼の姿が影絵になっている。

立ってグラスを傾ける姿がサマになるには、どれほどカウンターで時間を過ごしたか、あるいは、どれほど人生という大海を嵐に吹かれ波に揺られて旅してきたか、という経験が裏打ちされるのではないだろうか。カウンターの角近く、端然と立ちつつ、鍵澤さんとさりげなく冗談を言い合い、恬淡《てんたん》と酒を飲む姿は、まさに堂島サンボアならではの景色だ。

スタンディングで飲むには、ある種の緊張感が必要である。まず、物理的に長時間立っての飲み食いはしんどい。だから、あまり酔っ払わないようにする——そういう心構えが必要だ。

寿司、天ぷら、蕎麦などは、すべて屋台のスタンディングから始まった。大阪の街角にある串カツもイギリスのパブも、下町の立ち飲み屋も、すべてスタンディング。

そういえば、ぼく自身、人生の最初の立ち飲みは、東京オリンピック前に、東海道本線を走っていたビジネス特急「こだま」のビュッフェ。たしかサンドイッチとオレンジジュースだったと思う。今から思えば、旅の浮遊感とスタンディング飲食とは似つかわしいものだった。スタンディング状態とは、外と内とのあわい（オン・ザ・ボーダー）にいることに他ならない。いつでも移動できる「動」と「静」の中間状態。

だから、サッと来て、サッと帰るのが、スタンディング・バーの鉄則だろう。長時間ダラダラといて、ふらふらに酔っ払うのは避けなければならない。というか、ふらふらになるまで飲んでいるのはとてもむずかしい。

鍵澤さんにそのあたりのことを訊いてみた。

「立っていると身体動かせるでしょ。ジェスチャーとかしやすいんです、横山やすしみたいに」

グラスに手が当たって割ったりしませんか？

「酔うてきたら、たまに(笑)。二人とか三人で立って飲んでると、自分の意見言いたい人は、だんだん相手のほうに寄っていくんです。このあいだは、カウンターの端から真ん中まで来たお客さんがいました。あれだけ動いたのは、久しぶりにすごかったですねえ(笑)。追い詰められていく相方《あいかた》が、『新しいの、入れたってえ』てオーダーされるので、飲みさしのグラスがどんどん並ぶ。カウンターを3メートルは移動したんと違いますかねえ」

ふらふらに酔っ払う人っていますか？

「うちはそういう人は少ないですね。年配の方が多いですから。かえって、年配の人のほうがお酒強いんですよ。礼儀もわきまえている。昔からウイスキーを飲み慣れていらっしゃるからでしょうね。７０歳超えた方でも、ダブル５杯（ボトル半分くらい）でもへっちゃらです。うちのハイボール１２杯で角瓶一本分ですからね」

昔と今では飲み方が違いますか？

「今はカウンター１０～１２名でいっぱいになるんです。昔はもうちょっと入ったんです。今の人、カウンターを譲ってくれないんですよ、肘張ってね。あからさまに『何や、後から入ってきて』という顔をする人もいる。昔の人は、『せっかく店に来たんやから、お前も飲んでけよ』という感じでギューギューに詰めてくれたんです。ほんまに狭いスペースに片腕置けるくらいでね。『ダークで行こう』言うてね。ダークダックスいうコーラスグループが斜《はす》になって歌《うと》てたやないですか。あの形にカウンターの前に並ぶというわけです」

＊

じつは椅子がないからこそ、それぞれの飲み方がより明確にわかるのかもしれない。椅子があると、そこは自分のテリトリーということで完全に守られている。そこにいさえすれば、周りのことに注意を払う必要はない――いくらでも自己本位でいられる。そういう世界に育った

SAMBOA BAR

人間は、決して「ダークで行こう」になれないのだろう。残念ながら、酒の飲み方を教えてもらう機会は確実に減っている。

また、ウイスキーは、飲む経験を積まなければ、なかなかその美味しさがわからない液体だ。最初のハードルがかなり高い。それは山菜や鮎の腸《はらわた》などの苦みや清冽さがおとなの味覚にならなければ感応できないのと同じように、鍛えられ、訓練されなければ獲得できない味わいなのだ。

かつては、一種の通過儀礼として「ウイスキーを飲む」ことがあった。大学に入ったとき、先輩に「トリスから飲め」と言われたりしたものだ。そして、最初はストレートから飲むようにも言われた。味がわかるようになって、ようやく水割りや炭酸割りという「やわな」飲み方に移行することが許されたのだ。

鍵澤さんの言う「昔の人」とは、そういう飲み方の訓練を経て、酒場でのマナーや酔い方を身につけた「おとな」である。いまは、子どもっぽい飲み方の人が多い。世の中自体が「お子ちゃま」になっているからだろう。まさに酒場は社会を映す鏡である。

鍵澤さんは言う。

「うちの店は、お客さんの滞在時間は平均1時間半ほど。お馴染みさんは1時間に3杯くらい飲まれます。うちで1杯飲んで自宅で夕食という方もおられます。昔の人は、最初の店として使いますね。だからほとんど食べないです。付き出しの皮付きピーナツを出しても、ちょっと手をつける程度。空腹で飲むのが美味いとおっしゃる方が多いです。あの年代の方々にとって、そういうストイックな感じがスタイリッシュなんですね。

うちの客単価は2500円くらいで安いですけど、いまの20代の方はあまりお酒飲みませんよね。誘っても、『何しに行くの？』と言われたと上司の方が嘆いていました。昔は、上司に連れて行ってもらったら、ここぞとばかり飲み食いしましたけど、今の人は自分の時間を取られたくないと言うそうです。酔った姿も他人に見せたくないと。そういう風に見てくると、うちはホワイトカラーの方と引退された年配の方が多いんですが、昔の人がたくましく見えるようになってきます。

でも、年配のお客さんは、アイラ・モルトがどうのとかハイランド・モルトがこうのとか、そういうマニアックな蘊蓄は言いませんね。おちょぼ口でそんなこと言うのは粋じゃないと思ってるんでしょう……ま、本気の飲兵衛というか、ただ単に酔っ払っている人ばっかりです(笑)。でも、絶対に崩れないですよ」

いつのまにか、カウンターではお洒落な老人が二人。物静かに語り合いながら、バランタインとグレンフィディックをオンザロックで飲んでいる。

奥の座席には若いサラリーマンとOLの三人組が大きな声ではしゃぎながら、手を挙げてハイボールのお代わりをオーダーしていた。

＊

堂島サンボアの魅力は清潔感。引き算の美学だ。音楽などは一切ない。

「真鍮のバーもフットレストも毎日2時間かけて磨いてます。掃除は徹底的にやってます。バックバー、ボトル、床……あらゆるところを徹底的にきれいにします。これは絶対です。親父が『うちは男ばっかりの店で花がないんやから、清潔第一。BGMはお客さんの会話や』と」

鍵澤さんは大学卒業とほぼ同時にカウンターに立った。高校生のころから、たまに手伝いに来てはグラスを洗っていたという。バーテンダー修行は父親や先輩の見様見真似。ハイボールを作ったのはカウンターに立って半年くらい経ってからだった。

「飲みものって、顔の知らん者《もん》が作ると嫌がられるじゃないですか。その点、お客さんがぼくの顔を知ってくれてはったから大目に見てもらったと思います。お酒って信用の問題が大きいですからね」

最初のハイボールから自分の納得できる味でした？

「うーん……。ウイスキー60ミリ入れて炭酸一本入れるだけですから……。お客さんから『家で作っても同じようになれへんね』と言われますけど。たぶん、同じなんです」

何が違うんでしょう？

「雰囲気くらいとちゃいます？　お金払って飲んでるのと、家でタダで飲んでるのと。その違いでしょ。なんやったら、奥さんにお金払って作ってもらって飲まはったら、どうですかって言うんですけど（笑）。だって、どう考えても同じですもん。同じ量入れたら」

＊

堂島サンボアのハイボールに初めて接したとき。早速、自宅で角瓶も炭酸もギンギンに冷やしてハイボールを作り、しばらくの間それればかり飲み続けたことがある。が、どうもあの味には近づけない……どうしてなのだろう――とずっと疑問に思っていたが、今やっとわかった。

スタンディングの微かな緊張感、グラスの大きさ、グラスの形（あの親指を添えるわずかな平面）、ぴかぴかに磨き上げられた真鍮のバー、仄《ほの》暗い照明、目の前に立つマスターとバーマンの凛々《りり》しさ、清潔感――それらがすべて相俟って、堂島サンボアのハイボールの美味さが生まれているのである。スペックなどの部分を器用に真似すれば、おいしくなるわけではない。堂島サンボアの総体がホリスティックにそのハイボールやオンザロックに映し込まれているのだ。

スタンド・バイ・ミー――鍵澤さんがそこに立っていてくれること。そして、ぼくらも立っていること。そのフェアーネスがとても大切だ。

マスター。
ウイスキー
ください

…神戸「サヴォイ北野坂」

神戸ハイボール――その名をどこかで聞いた方も多いのではなかろうか。
神戸ハイボールは今や一般名詞として使われることもあるが、かつてその名のバーが神戸にあったのだ。そのことを知る人はおもに関西在住、しかも50歳以上のウイスキー好きの方に限られるかもしれない。

*

神戸は日本における洋酒系ハイボールの発祥の地といっていいだろう。

サンボアの前身である岡西ミルクホールが誕生したのが、1918年の神戸だった。やがて、サンボアは大阪、京都に続々開店。その氷なしハイボールが人気を呼んでいったものの、戦争によって閉めざるを得なくなる。戦後、神戸サンボアは復活したが、1954年(昭和29年)に閉店。店名を「コウベハイボール」と改め、経営も代わって1990年まで営業した。今でも語り継がれる幻の店である。

コウベハイボールは、サンボアよりも大衆的に、トリスバーよりも高級な、というコンセプトで、サントリー・ホワイトのハイボールを主体とするスタンド・バーとして存在した。

コウベハイボールに限らず、神戸にはバーの名店が多い。ハイカラな港町であり、街の人がお洒落で開放的なことも、その理由にあげられるだろう。

居並ぶ名店のなかでも、最初にお邪魔したときから、すでに懐かしい気分にさせてくれたのが「SAVOY KITANOZAKA（サヴォイ北野坂）」。マスターは木村義久さん（１９４６年生まれ）だ。木村さんは２１歳のときに「SAVOY」のマスター小林省三さんに師事。木村さんが心底惚れこんだSAVOYは２００６年に閉店したが、その栄《は》えある伝統を今も継承している。

＊

「サヴォイというのはロンドンのサヴォイ・ホテルに因《ちな》んでいるんです。ええ、あの有名なカクテルブックのホテルですね」

にこやかに木村さんが口を開いた。

初対面のときから、このやわらかさはまったく変わらない。

木村さんの笑顔を見ると、なんだかホッとして、身体の細胞がふわっと開いていく。それだけでこの店に来て、良かったなと思う。

「ブームというのも面白いですね。数年前まで『ウイスキー＆ソーダください』とオーダーした人に、『ハイボールですね』とぼくは言い直していたんです。だって、ハイボールのほうが美味しそうですから。でも、最近は、みなさんハイボールと言いますね。戦後コウベハイボールやトリスバーでハイボールの時代があったんですが、あるときウイスキーから焼酎に関心がいって、焼酎ハイボール、略して酎ハイになった。それがまたウイスキーに戻ってきた。時代というのは回っていて、ハイボールという血統はずーっと続いているんですね」

酒飲みというのは臍《へそ》曲がりが多い。みんながある一つのものを飲み出すと、あんなの飲みたくない、などとそっぽを向く。ぼく自身、ウイスキーは好きだけれど、流行したころの水割りは嫌いだった。流行りという平均化で、ウイスキーの個性が失われてしまったからだ。

以前からハイボールは好きだ。しかし、それが、本来いびつで、さまざまな個性をもっているウイスキーを無個性の方向にもっていかなければと、今、とても危惧している。

「そのとおりです。ウイスキーは個性が楽しいし、魅力なんです。ハイボールもいろんなレシピがあります。みなさん自分自身の好きなウイスキーと炭酸の比率を見つけることができればいいんです。マティーニでジンとヴェルモットの割合がどのくらいが好きなのかと言えるくらいの人だったら、ハイボールのウイスキーと炭酸の好みの比率があるでしょう。45ミリリットルのウイスキーに同じ量の炭酸を入れてくれとか。そういう注文が楽しいですよね」

サヴォイのハイボールは、一般的にはどんな比率ですか？

「ウイスキーと炭酸が半々。ほんのちょっと炭酸が多いくらいのノン・アイス・ハイボール。これくらいが最後の一滴までゆっくり飲めると思います」

ウイスキーの量は？

「お客さんとグラスによって違うんですが、だいたいダブルですね」

木村さんのハイボールのレシピを聞いていて、かつてスコッチの蒸溜所に行ったときのことを思い出した。その会社の人と昼食をとったとき、彼はステーキを食べながら、スコッチにほんの少し炭酸を注いで飲んだのだ。ぼくが不思議そうな顔で見ていると、彼は「試してみる？」と同じハイボールを作ってくれたが、それがじつにスコットランドの空気と肉料理に合っていた。ウイスキーの本場はこんな飲《や》り方もするんだと、その自由さに驚いた。

「そうなんですね。もっと自由でいいんです。そのスコッチ・メーカーの方は炭酸でちょっと香りを弾けさせたんですね。基本をおさえたうえで自由というのが粋ですし、楽しいです。うちの１対１強の炭酸というのは、４０度のウイスキーが半分の２０度になる。人間の舌は、それくらいのアルコール度数が一番なじみやすいんです。ブレンダーもテイスティングのときには水で割って２０度くらいにしますよね」

＊

木村さんが白州のハイボールを作ってくれた。ちょっと炭酸が多いだけ。ウイスキーと半々の割合。

ほどよいキックがあって、ウイスキーの芳香が軽やかに立ち上る。炭酸が線香花火になって口の中で弾ける。八ヶ岳山麓に広がる森の清々《すがすが》しい空気が漂い、緑の香りがする。白い花崗岩層で濾過された清冽なせせらぎが見えてくるようだ。

「この白州のハイボールが好きなんです」

木村さんはまた人懐っこい笑顔を浮かべ、美味しそうにごくりと喉を鳴らして飲んだ。白い上着、白いシャツ、そこにワンポイントの黒い蝶ネクタイ――この清潔感がシングルモルトの白州によくマッチしている。

木村さんがバーテンダーになるきっかけは、やはり、師匠である小林さんに惚れこんだからだろうか？

「そうです。ぼくがまだカウンターの向こう側に座っていたころ、親父に『今日はこんな気分なんで、こんなん飲みたいです』と言うと、ササッとその気分にぴったりなものを作ってくれた。それがものすごくカッコよかった」

学生のころからお酒が好きだった木村さんは、大学よりもバーに足繁く通ったという。サヴォイ以外で記憶に残るのは、なんといってもコウベハイボールだ。

「先輩と一緒に店に行って、ぼくがハイボール2杯飲んでたら、マスターが『お兄ちゃん、帰りぃ』て言うんですよ。『先輩、まだおるんですけど』と言っても、『いや。あんたは帰りぃ』とまた言われる。で、横で飲んでた先輩が『ほな、次の店行っとけや』。ぼくはまだ20歳そ

12

Suntory
Whisky
1937

ここの若造でしたんで、次の店で考えるんです。『なんで、あのオッサンあんなこと言うたんやろ?』て。でも、何度行っても毎回同じなんです。『兄ちゃん、帰りぃ』——。

今になってわかるのは、こういうことです。コウベハイボールはうちと同じダブルで出すから、あそこで2杯飲むと、ふつうの4杯と同じ量飲んでるんです。あのころ、コウベハイボールは午後3時ごろには開いてましたから、4時には近くのオーナー社長さんたちが店にやって来る。夕方の商工会議所みたいなもんです。そういう方々がいらっしゃる店に若造が酔っ払っているというのは、不細工な話じゃないですか。だから、『帰りなさい』という意味もあったんでしょうねえ。それと、ぼくの身体を気遣ってくれた。『あんた飲み過ぎや』と。

決して理由は言ってくれませんでしたけど、この歳になってわかるのは、マスターの思いやりやったんかなあと。何回行っても、同じことを言われるというのは、何かあるんやろうねえ。コウベハイボールに行くと、当時のぼくらからしたら、ビシッとしたおとなの方が同じように飲んではるわけですよ。若造からすると、すごい魅力でした。そこに何があるんだろう、という未知の世界が広がっていました」

若者が肩に力を入れ、おとなの世界に目を丸くしながら精一杯背伸びしている姿が目に浮かぶ。思えば、ぼく自身も同じような失敗をたくさんしでかしてきた……。

「酒場というのは学校です。勉強の場なんです。コウベハイボールに行って、周りの話に聞き耳を立てていると、経済、政治、文化、歴史……車、酒、そして女性(笑)……いろんな話が飛び交ってね。こんな世界があるんだなあって引き付けられて……こういうのがバーの魅力ですよね」

振り返ってみて、「バーに行きたい」という気持ちの底には、人間的に、あるいは男として尊敬できるマスターに会いたい、ということが大きいように思う。少なくともぼくの場合、決してマティーニやギムレットが美味いというテクニカルなことではない。もちろん美味いにこしたことはないが、その技術をシーンとした「緊張感のある」バーで確認したって、あんまり意味がない。

「マスターに会いたくてバーに通う。それって『片思い』なんです。昔、神戸にルルという店があったんです。長原さんというマスターがカッコよかった。喋りかけてはくれないんですけど、カウンターにいるだけで柔らかーい真綿に包まれるような気分にさせてくれる。あんなおとなになりたいなあと思いました。忘れられないマスターですね。

学生のころ、神戸大丸の洋酒売り場でアルバイトしたことがありましてね。洋酒フェアーがあると必ず最初にやってくるお客さんがいらっしゃった。夏場ならライトブルーのスーツで、これがまたごっついカッコええんですよ。珍しい洋酒をサササッとチョイスして、風のように帰られるんです。『どこの社長さんやろ』と思てるうちに、先輩にルルに連れて行ってもらったら、

『あ、あの人やったんや』て初めてわかったんです。そんなこともありましたよ」
木村さんはゆっくりと一口飲んで、グラスをカウンターに置いた。

＊

バーテンダーと客との距離感というのは、とてもむずかしい。というのも、客は心の凝りをほぐすために、あるいは、日頃の暮らしで傾きすぎた心のバランスを取り戻すためにやってくるのだ。ハレの場なのだけれど、お酒の場でもある。「お酒が入る」というのが繊細微妙なところ。バーテンダーの距離のとり方一つで、客がホッとできるかどうか大いに左右される。

寡黙にシェイカーをシャカシャカ振って、サパッとグラスに液体を注ぎ、ススーッと客の前に滑らす——これはこれでいい。が、ずっと黙ったまま、ときおり硬い笑顔しか見せないバーテンダーというのは、いかがなものか。

客の会話の邪魔にならないように寡黙でいてくれるのはいい(考えてみれば、当たり前のことなのだが……)。しかし、そのトーンによっては、カウンターの向こうからこちらを監視されているようで、居心地が悪くなる。逆にまた、事あるごとに客の会話に参加してくるバーテンダーもいる。バーには安らぐために行っているのである。それでなくても息苦しいこの世の中。束の間の休息を求めてバーに行くのである。

バーテンダーの応対には「良い加減」が必要なのだ。

その点サヴォイは超一流店なのに、やわらかい。しかも、べとついていない。客との距離をわきまえている。常連客だといって甘えていないし、一見《いちげん》さんだといって他人行儀ではない。それは木村さんの絶妙なコミュニケーション能力によるところが大きい。会話の内容や間がおとなのだ。東京はええカッコしいのバーテンダーはたくさんいるが、彼らの顔がよく見えない。

「顔が見えないというのは、喋らないからでしょう。ときどき東京に行きますが、ぼく、あっちでもふつうに神戸弁喋ってます。東京弁で取り繕うことできませんから。東京のバーに行くと、ぼくらがよく知ってるバーテンダーは喋ってくれますが、知らない人は喋ってくれませんねえ。喋ると、『あなた、東京と違うねえ』と言われるからじゃないかな。『おれは東京で頑張ってる、れっきとした東京の人間だぞ』と思ってる人も、お里が知れるみたいなところがあるんじゃないかなあ。馬脚を現してしまう。だから気取っているのかなと勝手に思ってます。

うちで少し働いた男の子は富山出身だったけど、東京出身と言ってました。東京でちょこっと働いたことがあったんですね。言葉も『標準語』で。ところが、ある日、富山から観光客の女の子が三人、うちの店にいらしたんで、富山出身の彼と喋らせたんです。そしたら、ものすごく盛り上がった。『ほれ見てみぃ。富山なんて何《なん》も恥ずかしないやろ。富山って言うたほうが逆に良かったやん』というと、頷いていたんですが、またしばらくすると『標準語』に戻って、結局、東京に行ってしまいました」

いま、いろんなものや人が保守的に、長いものに巻かれろ的になっている。どんな地方に行っても、誰もが上手に「標準語」を話す。どこの駅に降り立っても、安売りの洋服屋、カラオケ、牛丼、メガネスーパー、コンビニ……同じような風景、同じような格好……。

東京風に平べったくなることが都市的でカッコイイと誤解し、どんどん「標準語」がはびこり、「緊張感のあるバー」が褒めそやされる。その一方、地方の匂いはなくなり、コンプレックスをもちながら東京に色目を使う。

「喋るというのは大事ですね。ぼくはお客さんが喋りかけてくださると、どんどん喋るんで、喋りすぎやと言われたこともあるんですけどね(笑)。一人でカウンターの中にいて、右端にも左端にも喋りたい人がいると、もー大変。右端で喋っていると『マスター!』って呼ぶんですよ。で、『ごめん、ごめん。ちょっと待ってね』て(笑)」

東京ではあまり見かけない風景ですね。

「もちろん、呼ぶときはお酒を注文しながらです。話すためだけには呼ばないです(笑)。なんか東京と関西風のやりとりは違いますねえ」

＊

SAVOY

木村さんは、お酒の世界は知識をいろいろ並べて飲むのではなく、まず飲んでみることから始まると言う。

「飲んで美味しいなと思ったウイスキーを、『へえー、これ、スコッチなんや』『で、スコットランドのどのあたりでできたんやろ?』とたどっていくのが面白いし、それが、ふつう、順番やないですか。で、いろいろ飲んでみて、『ぼくはアードベッグが美味しいな』となっていく。

あるとき、大学出たての新入社員が、当時1万円したワイルドターキーをバンバン飲むんですよ。『なんで、こんな高いの飲むのん? 他にもいっぱいあるやん』て訊いたら、『ぼく、これでいいんです。一番最初に先輩に飲ませてもらったから、これにしてるんです』『そんなん、アカンやろう。自分の主張、何もないやん』て言いました。で、『お金いらんから、これ飲んでみぃ』て、ぼくの好きなウイスキーを何種類か出したんです。そしたら、『あ、これもいいですねえ』となって、それから、いろんなウイスキーを飲みはじめるようになりました」

まさに、酒は学校ですね。

「お酒は文化です。いろんなお酒という文化に接して、頭を柔らかくしてほしい。ステイタスやカッコで飲むものではありません。固定観念が一番ダメ。これでないとアカンということはまったくないんです」

懐を深くして、小さなところでまとまってはいけない。まさに酒の飲み方に人間性があらわれる。

「ウイスキーの大きな魅力に、熟成というのがあります。『氏より育ち』と言ってもいいかもしれません。育て方によって、どんどん良くなっていく。逆に、いくら最高級の原料で、最良質の器具で仕込んでも、ええ加減な育て方をしていたら、とんでもないお酒になってしまいます。人間と同じことです。

素性が悪い子でも、ちゃんとした育て方をしたら、みんな良い子になる。人間とウイスキーはよく似ています。端《はた》で見守っている人がすごく大事なんです。心をもって育てると、それは必ず伝わります。学校で何かあったら、すぐ先生や他人のせいにする親がいますよね。そして先生は世の中のせいにする。そういう自分で責任をとらないアホなおとなたちのもとでは、子どもは育たない」

バーのマスターの愛情のかけ方は父性的なものですよね。背中で語る親父のような。

「いや……そんなカッコいいことないです」

木村さんはちょっと恥ずかしそうな表情を浮かべ、一口ウイスキーを啜《すす》った。

「ぼくらは親父の仕事を見て、自分なりに試行錯誤してやってきました。何度やってもできなかったら、そのとき初めて親父にどうしたらいいのかを訊いた。すると、ポイントを簡潔に教えてくれたんです。ところが、今の子は自分で何も試しもせず、『教えてくれないから、できません』と言う。まず自分でやって、ダメだったら、師匠に訊く。あるいは真剣に観察して技を盗む。これが職人仕事。器用で頭デッカチでは、一流のバーテンダーにはなれません。ぼくらの仕事は常に同じことをやっています。それをしっかり見ていないと、ええ加減な仕事になります。しっかり見ることはものすごく大事です」

＊

木村さんにとってウイスキーの魅力って何ですか?

「それぞれ顔があるってことでしょうね。そして、今、思うのは、みんなシングルモルト、シングルモルトと言いますけど、ぼくはブレンディッドに戻ってほしいと思います。いや、きっと戻ると思っています。ブレンドはじつに奥が深い。たとえばバランタインを飲んだときに、ちょっと塩っぽい香りがしたら、『あ、アイラ・モルトがブレンドされてるんやな』『どこのアイラやろ?』と頭を巡らせる。そういう想像の楽しみがブレンドにはある。夢が入ってるんです。山崎の蒸溜所を訪ねて、特別にブレンドのお遊びさせてもらうと、ものすごく楽しいですよ。ハイボールもブレンドのほうが味の幅がありますね」

シングルモルトが尖った個性の魅力とするならば、ブレンドはバランスの魅力だ。バランスを保ちつつ個性を発揮するというおとなの魅力といっていいのかもしれない。だから、奥が深いのだ。

なぜか、木村さんの話を聞いていると、ブレンディッド・ウイスキーと神戸は似ていると思った。山と海のある美しい街。絶妙のバランスの上に成り立つ、繊細なおとなの感覚——それがお洒落にもつながり、人の心をしっとりと落ち着かせもする。

蒸溜所でブレンドをするとき、ブレンダーはウイスキーと水を1：1で割る。そうすると、ウイスキーの味の構造が、光をプリズムに当てたときのようにわかるという。

木村さんが照明でグラスを透かすと、液体は虹色に輝いた。

「ブレンド・ウイスキーを水や炭酸で割ると、シングルモルトよりもたくさんの光が感じられるんです。個性を大切にして、多様であることが、ウイスキーの魅力です。バーでは、しゃちこばらずに寛《くつろ》いでいただければと思います。そのほうがお酒の味もよくわかるし、だいいち楽しいですよ。そりゃ、たまにはキンチョーもいいけど、それは夏だけでね（笑）」

マスター。
ウイスキー
ください

人生、ゴキゲンで行こう

…仙台「モンド・ボンゴ」

バー「モンド・ボンゴ」のマスター「チューさん」は小柄で、つるっと坊主頭。夏も冬もTシャツにゴム草履。ちょっとO脚気味に国分町《こくぶんちょう》を闊歩《かっぽ》する。妙にジーンズの似合うオヤジである。

チューさんと初めて会ったのは1995年、会社で宣伝の仕事をしていたころ。シングルモルト・ウイスキー山崎の編集タイアップの取材のため、蔵王山麓にある酪農センター（牧場・チーズ工場）を訪ねたときのこと。そこで作られるナチュラルチーズと山崎をコラボレートさせようというのが、企画コンセプトだった。

そのとき挨拶に出てきた場長がチューさんこと河野隆一郎さん（1951年生まれ）。清潔第一の場所なので上から下まで白づくめの制服を着ていたが、髭を生やして坊主刈り、小柄で機敏な動き、ざっくばらんな物言いは、およそ場長というイメージからほど遠かった。

しかも、場長室に招かれて、「コンピューターのくせにゴキゲンな音するんだよ、これがまたさあ」と当時持っている人もまだ少なかったマッキントッシュのデスクトップ・パソコンから、ジョン・コルトレーンを聴かせてくれたのには驚いた。場長や社長など、およそ「長」のつく人から連想されるエラソーな感じはまるでない。逆に、「このオッサン、カッコいいな」と深く印象に残る人だった——。

そして10年近く経ったある日。長く訪れていなかった蔵王の、たまたまそのチーズ工場近くにある温泉旅館に泊まっていると、女将《おかみ》が「面白い人、紹介してあげるよ」という。喫茶室でコーヒーを飲みながら待っていると、そこに現れたのが、あの場長だった。

「たしか……？」

二人同時に同じ言葉を発した。

以来、その温泉旅館に泊まるたびに酒を酌み交わすようになる。その後、チューさんは場長を辞めて蔵王に蕎麦屋を開き、蕎麦を打った。そこでも何度か一緒に酒を飲んだ。

そんなある日。チューさんから電話が入った。

「こんど仙台でバーを始めたんだよ。ゴキゲンな店だから一度おいでよ」と。それが国分町にあるモンド・ボンゴというバーである。

＊

2010年11月。そのモンド・ボンゴが引っ越した。カウンター7席、テーブル8席のこぢんまりとした店は、国分町通りに面したビルの地下1階にある。内装はチューさんの手作り。蝋燭《ろうそく》職人の若い友人ふたりの手を借りて1週間で完成させた。チューさんの周りには老若男《ろうにゃくなん》女《にょ》を問わず、なぜか自然とクリエイティブな人たちが集まってくる。

まずはモンド・ボンゴのカウンターに座って、チューさん自身の話に耳を傾けよう。

「うちはさあ、何飲んでも1杯500円なんだ。ポンッとボトルを置くと、みんな勝手にグラスに注ぐ。ウイスキーはジャックダニエル。700ミリリットルで小売価格2400円。みんな、だいたいダブルの倍くらい入れるから、一人あたり100ミリリットルで7杯とれたとして3500円。1100円は儲かってる。5杯で元とれてるんだから、それでオーケー。十分ペイするじゃない？　わずか4杯でボトル全部注ぐ奴なんていないからね(笑)」

モンド・ボンゴはこういう店であり、チューさんはこういう人である。

チューさんの話を聞こう。

「ジャックダニエルはテネシー・ウイスキーなんだよね。ケンタッキー州で作られたものしかバーボンて言えないから、その逆手をとって、テネシー生まれだからテネシー・ウイスキー。いいじゃない。洒落てるよ。

ただ、チャコール・メロウイングっていうんだっけ、原酒を樽詰めする前にサトウカエデの木炭で一滴一滴時間をかけて濾過して作るのがテネシー・ウイスキーの特徴だって言われてるよね。わざわざそんな条件つくって『バーボンとは違うよ』と言ってるのが、骨っぽくて良いよね。ま、そのチャコール・メロウイングのせいか、たしかにスイートでマイルドな味になってるよ。

ボトルシェイプもラベルもカッコいい。おれは音楽が大好き、とくにジャズが好きだけど、ミュージシャンでジャックダニエルのファンは多いよ。ストーンズのキース・リチャーズとかさ。あの黒と白のシンプルなラベルが良いんだよな、きっと。キースなんてジャックダニエルを香水にして、しかも入れ歯もジャックで洗浄してるって噂だよ。ほんとかどうかわかんないけどさ(笑)。

テネシー州ってのはナッシュビルもメンフィスもあって面白い。ナッシュビルはカントリーの街だし、メンフィスはブルースの街。白人系と黒人系の二つの音楽の都がある。カントリーとブルースが混ざってる。

ジャックダニエルはテネシーの地酒みたいなもんだよ。その土地から生まれた酒なんだ。だから、向こうで飲むのが一番美味しいんだろうね。やっぱり味が違うっていうじゃない。蒸溜所のあるリンチバーグってところは人口360人くらいの小っちゃい町で、中心部に駅馬車が止まるようなロータリーがあるきりらしい。で、不思議なのはドライ・カウンティ(禁酒の郡)なんだって。だからジャックの町ではウイスキーが飲めない。面白いよねえ」

＊

チューさんがジャックダニエルをロック・グラスにゴボゴボ注いでくれる。ちょっと赤みがかった琥珀色が光に当たってきらめき、甘い香りが漂った。1945年製の真空管アンプにつないだ小さなスピーカーからは、マイケル・フランクスの「アントニオの歌」が流れている。モンド・ボンゴで飲んでいると、音楽と酒がほどよく心身の凝りをほぐしてくれる。チューさんの選曲はいつもながらセンスが良い。

「学生のころは酒の味なんてわかんなかったけど、音楽、とくに黒人系のを聴いたら、日本酒なんかにはいかないわけ。ウイスキーになる。で、お金がないからトリスバーに行くんだ。当時、国立《くにたち》に住んでいて、そこのトリスバーには山口瞳がよく来てた。店の外にも中にもカウンターがあってね。外のカウンターはトリスの人。中のカウンターは角以上。おれなんかずーっと外だよ。山口瞳は中。でも、たまに酔っ払うと外に出てくる。話の面白いオヤジだった」

ジャックダニエルはいつごろから飲んでいたんですか？

「学生時分から。バーボンはアーリーとかハーパー。で、ときどきジャック」

1970年代初めにバーボンを飲みはじめたというのは、世間よりだいぶ早いですね。

「うん。友だちの親父が貿易商やってたんだ。マスタングなんか乗っちゃってさ。で、そこん家《ち》に行くと、ガバッとバーボンあるわけだよ。そいつのところに行っちゃ、高いバーボン掠《かす》めとって飲んでたよ。そいつ、ちょっとの間、おれたちのバンドのドラムやってたんだ。で、たまにアルバイトでお金がガバッと入ったりすると、帝国ホテルやオークラのバーに行ってジ

で、当時、おれ、『帰って来たヨッパライ』の作詞やったりしてた松山猛とか友だちだったから、学校の自由課題制作なんかでも、ついつい有名人の写真撮っちゃうわけだよ。あとは……映画館の前にあらすじの写真貼ってあったじゃない？　あんなのバイトで撮ったりしてた。そんなこんなで、金稼ぐのに忙しくて。先生に課題提出すると、『お前、金もらって写真撮ってるんだったら、ぼくに仕事くれ』なんて逆に頼まれるんだよ。

写真のモデルになったこともあるんだよ。ジーンズのポスターとか、資生堂のブラバスとか。聖徳太子の格好して『聖徳太子も使ってるブラバス』って。訳わかんない(笑)。

とにかく、そんなことやってると、街じゅうにおれの映ってるポスター貼られてるのを先生が見るわけ。『お前、メシ食ってるんだから、もう学校来る必要ないよ』って話になって。で、写真学校も1年半で中退。その後、写真やりながら、友だちとデザイン会社を作って、雑誌や広告のデザインをやってた。ヤマハのライトミュージックの仕事やフォルクスワーゲンのビートルの広報誌とか、いろいろやった。

そうこうしてるうちに、いつのまにか『先生』なんて言われて写真家気取りになってた。でも、心の中じゃ『いいのかよ？　このままで』って、腑《ふ》に落ちなかった。『写真も中途半端なままじゃいけない。雑巾がけから真面目に勉強し直そう。ちゃんと弟子入りしよう』と決心して、師匠になってもらいたい人のところに行ったんだ。

そしたら、その事務所にたまたまコーポレート・アイデンティティー（C・I）の仕事をしてる人が来ていて、その人もジャズやってたんだけど、『君。これからはスタッフとして使われるんじゃなくて、むしろ逆にカメラマンを使って、ディレクションやったらどうだ？』という話になって。『なるほど。そうだな』と(笑)。『とにかく、おれの会社に来い』『はい』てなもんで。結局、そのCIの会社に勤めることになったんだ」

＊

「そこで数年働いてると、今度は、蔵王で牧場やってるうちの親父がガンになっちゃったんだ。で、どうすんだ、牧場？　ってことだよ。おれ、長男だからね。

結局、29歳のときに蔵王に帰ってきたんだけど、牛の世話なんかやったことないから、とりあえず勉強やれってことで、ニュージーランドに行ったんだよ。ところが——なんでこんなにいろんなことが起こるのかわかんないんだけどさ——おれが預かってもらう牧場主の家に行ったら、たまたまその人が足に怪我して、入院することになって……。牛のことも牧場のことも言葉も何もわかんないのに、『お前、やれ』ってことにいきなりなっちゃったわけよ。でも、わかんねーじゃん。だけど、やんなきゃダメ……まいったよ。

牧草刈って、犬使って牛追っかけて、干し草作って、乳搾って、牧柵《ぼくさく》直して……結局、牛700頭いる牧場を4カ月切り盛りしたよ。牧場主が退院してきたら大喜びさ。すごい気に入られて、そのオッサンが『二つ持ってる牧場の一つをお前にやるから、日本に帰るな』って言いだしたんだ。だけど、そんなこと言われても……。で、蔵王に帰ってきた」

＊

「親父の後を継いで、場長になったんだけど、一生こんな牧場やっててもメシ食っていけねえんじゃないかと思ってね。何かやんなきゃいけないぞと。当時、日本中で牛乳が余っててさ、北海道なんかじゃ捨てたりしてた。そういう状況だったんで、政府が補助金を出して国産ナチュラルチーズ作りを始めることになった。で、うちと他2社が手をあげ、それからチーズ作りに邁進して、1980年にはナチュラルチーズを市場に出した。当時、そんなチーズを誰も知らなくて、けっこう苦労したよ。なんとか頑張って、黒字にもっていったんだ。吉村さんと初めて会ったのはちょうどそのころだよ。

で、軌道に乗って、おれが50歳になった2001年に蔵王酪農センターを辞めたんだ。当時は今よりはまだ景気も良かったから、名誉職やら会社顧問やら何だかんだやってくれってことになって、計算してみたら月に100万円くらいになるんだよ。『こりゃ、一生遊んで暮らせるぞ。人生、楽勝だぞ』って。おれ、かなり錯覚してたんだよね(笑)。

3年はそれで保《も》った。減りはしても月40万円くらいはあった。だから、趣味で蕎麦屋の『自由庵』も始めたんだよ」

蕎麦を打っていたのは、そのころなんだ？

「そうそう。でもやっぱり良いことばかり続くわけはない。安易なストーリーだったよな。結局、みんな不景気になって、どこからもお金が入らなくなったわけだよ。月5万円という顧問職も去年切れちゃって。いまは、ゼロ(笑)。ま、そういう人生だよね」

＊

「おれの考え方のルーツはどうも学生時代にあるみたい。音楽や写真や学生運動やってたころだよ。あのころの自由とアナーキーにすべてが根ざしている。おれ、しばられることにどうしても耐えられないんだ。

この歳になって思うんだけど、お金というのは使おうと思えばキリがない。スッテンテンになるまで使うんだよね。いま、現実にそうなってるんだけどさ(笑)。でも、ある意味それはそれで人生と思えばいい。全然大丈夫。不思議なことに、人に恵まれてるし。ふつうだったら、ホームレスになってなきゃなんないんだけど、タイミング良く誰かが救ってくれたり──。たぶん、そういう星の下にいると思うんだ。ありがたいことに、何とかその日を暮らして、屋根のあるところにも寝られてる。今から思うと、食うや食わずで音楽や写真やってたころと変わんない生活なんだよね。でも、やっと原点に戻ったのかな」

宇宙の変化はスパイラルだというが、まさにくるっと回っている。チューさんの話は東洋の哲人の言葉を聞くようだ。

「モンド・ボンゴの内装は手作り。お金ないからね。『じゃ、どうするか』ってことだよ。広瀬川の河川敷でテント張って暮らしてた若い友だちが、手伝ってくれたんだ。船で世界を旅してた奴なんだけど。ま、自分たちでやれば好きなようにできる。ただ、その手間を惜しむか惜しまないかの話だよ。よくよく考えたら時間はたっぷりあるんだ、おれには。

若いころは体力もあったし、がむしゃらに生きていたから感度もまだ鈍かったけど、今は『この人は深いところまで心を許せる』ってすぐわかるようになった。逆に、相手もこっちをもっと理解してくれるようになった」

そうやってスクリーニングされていくのだろうか。こちらにお金がないとか、権力がないとか、病気であるという状況に対して、他者はどう反応するか。そのとき、すごく人間がわかりやすくなる。ぼくが会社を辞めてフリーになって、掌を返した人はいっぱいいる。「こいつ、やっぱり裏切るんだ」と思ったけれど、誰が信頼できるのかということもわかった。逆に、味方になってくれた人もたくさんいる。

「そういうことなんだよな。お金なくても付き合ってくれる人いっぱいいるし。金がないくせに、あるような振りしてる奴がいるけど、おれにはそういう生き方はわかんない。変なカッコつけず、もっとさらけ出せば楽になれるのに、かわいそうだよね。お金なんてなくてもいい

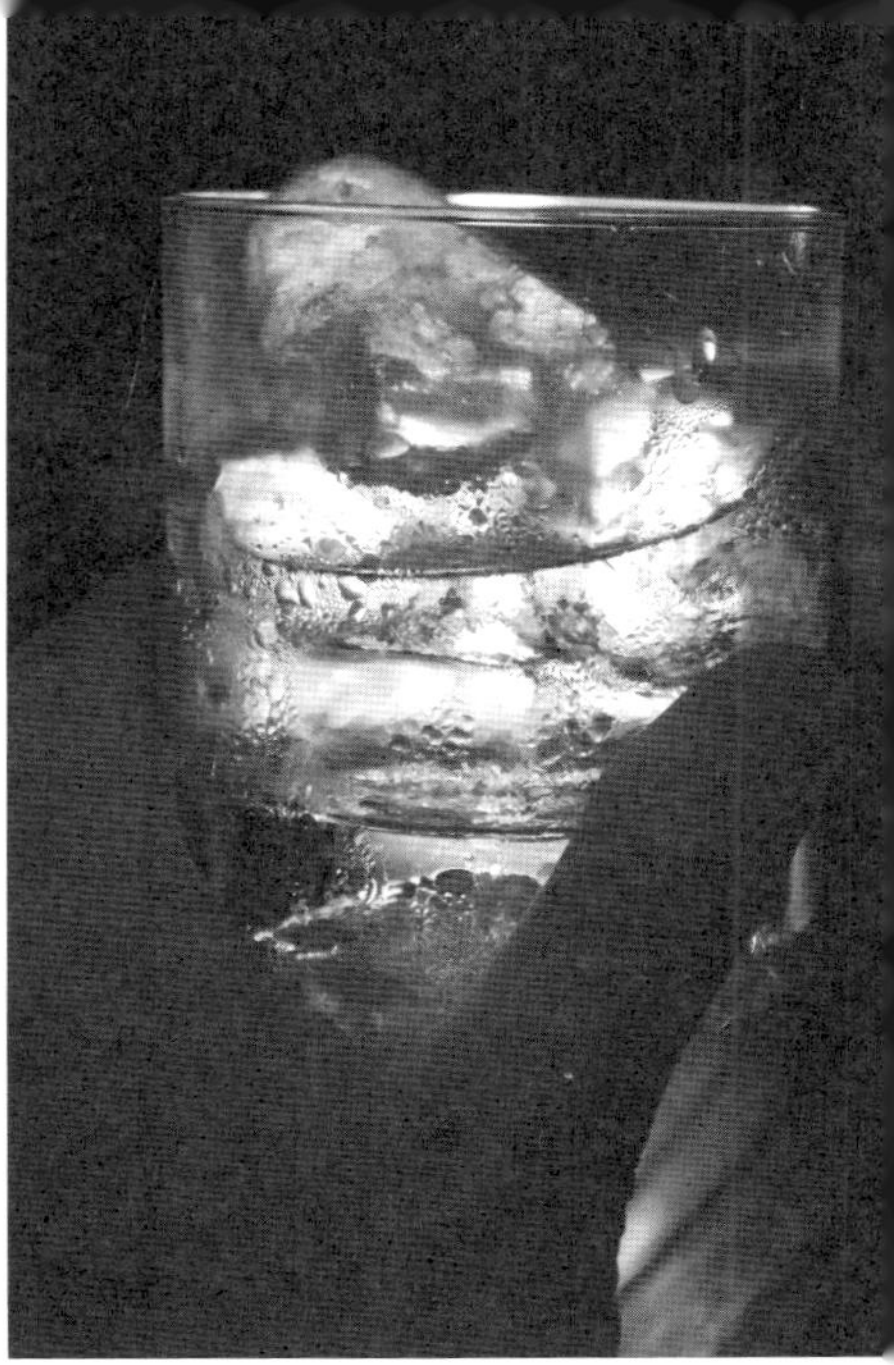

MONDO
BONGO

水はすべての物のなかでもっとも柔らかいけれど、一番強いんだ、と老子だか何だかで読んだような気がする。ウイスキーは、本質は水なんだよ。蒸溜しても、その土地のエッセンスが詰まってる。形が変わっても核は変わらない。だから、ジャックはテネシーの水なんだ。

水も音楽も流れてナンボ。淀んだり沈殿すると、ろくなことはない。生きてること自体、流れることだよね。お酒というのは、友だちとか愛してる人とか、そういう人との絆を深める潤滑剤。上手に流れていくためのね。コミュニケーションを柔らかくする水。ないと困るぞ、みたいな。だから一人で黙々と飲んじゃうとかって、あってもいいとは思うけど、おれは憂さを晴らすために黙々と飲むことは絶対にしない。

お金も何もなくこうやって生きていられるのは、人のお陰だと思うんだ。縁ある周りの人に助けてもらって生きていられる。だから、そういう人と話ができるのが幸せなんだよ」

＊

カウンターの右隣に女性の一人客が座った。生ビールを飲んだ後、ジャックダニエルのオンザロックを傾ける。

「チューさんが河野さんていう名前だとは、全然知らなかったんです。ただ、おもしろいマスターだなって思ってた。ときどき『河野さん』て呼びかけるお客さんがいて、『君、河野さんてすごい人なんだよ、知らなかったの？』なんて私にエラソーに言うんです。きっと、チューさんが場長とかやってたころの知り合いなんでしょう。でも、私にとってそんなことどうでもいい。チューさんはチューさん。酒場のマスター。懐が深くて、人のことコントロールしようなんて思ってない。けど、繊細でいろんなこと気遣ってくれる。だから、一人で来てもリラックスして長居しちゃう」

店の玄関に描かれたり内壁にかかった絵は、チューさんの友だちのアーティストが描いたもの。ベレー帽をかぶったその人が左隣に座っている。さっきの女性客の右隣には、内装を手伝った蝋燭職人。後ろのテーブル席にはベテラン女性アナウンサーとその仲間。

チューさんが言う。

「うちは客層ちょっと変わっててさ。ミュージシャンが一番多いんだよ。東京からのジャズミュージシャンの大半は来る。この店には変な奴がいるから来るって客も多い。基本的にはみんな音楽好きなんだ。広告会社とかテレビ会社とかのサラリーマンも来るよ。困るのは、夜中の3時とかに『打ち合わせ終わったから』って、ぽっこり客が現れたりする。いいから、来なくても。寝ろよって(笑)。

基本的にはそういう人ばっか。でも、面白いよ。間違って、カラオケ歌わせろって来る奴もいる。でも、ちゃんと飲んで帰っていくよ。結局どっか変なキャラの奴が集まって来るんだ。おれは、来る者は拒まずだよ」

＊

老子にこんな言葉があった。

——道は沖《ちゅう》なり。

沖とは空しい器。道とは宇宙の真理。つまり、宇宙の真理は空しい器だという。空しい器とは底が抜けていて、いくら汲み出しても尽きることのない器のことである。

チューにはそういう意味もあったのだ。

マスター。
ウイスキー
ください

光の酒には、骨がある …仙台「ル・バール・カワゴエ」

杜《もり》の都・仙台はいまや人口100万を超える大都市。その名のとおり、青葉通りや定禅寺《じょうぜんじ》通りには欅《けやき》並木、広瀬通りには銀杏並木が街なかに生い茂っている。夏は明るい緑を風にそよがせ、秋は赤や黄金に葉を色づかせ、冬はその樹形を凛と際立たせる。

街を歩くと、白人黒人アジア人——若い外国人が多いのに驚く。大学がたくさんあるから、留学生なのだろうか。あるいは、仕事で海外からやってきたビジネスマンなのだろうか。

中心部からすぐそこには蔵王や松島がある。仙台はタウン&カントリーを楽しめる。冷涼な気候、国際的な雰囲気、自然と人工がバランスよく調和した姿は、どこかヨーロッパに通じるものがある。

自然が豊かなので、食べものが美味しい。宮城といえば、牡蠣。その牡蠣の季節に、毎年、仙台に旅に出る。行く店は決まっている。国分町・稲荷小路にある「ル・バール・カワゴエ」だ。

*

階段を上って、ガラスの扉をあける。

仄《ほの》暗い照明のなか、漆黒のバーカウンターが見え、その向こうにマスターの川越正人《かわごえまさと》さん

（1964年生まれ）が静かに立っている。

カウンターの一角には一条《ひとすじ》の光がおちている。

ノラ・ジョーンズが低く流れ、バックバーには川越さんが厳選したシングルモルト、今は市場に出回らないオールド・ボトルのウイスキー、スピリッツやリキュールが並ぶ。最下段には、さまざまな形のグラスが居住まいを正している。

グラスやボトルに反射した明かりはピアノ塗装のカウンターに映り込み、微かな光の粒になっている。カウンターの幅もちょうどいい。バーテンダーと客との適切な距離がこの幅に表れている。

川越さんはこの道25年。折り目正しく、やわらかな物腰。グラスが空いても「次は――？」などと絶対に訊かない。「お酒は時間を楽しむものですから」と謙虚に微笑む。

スツールにゆっくり腰掛ける。

と、しんとした森の中にいるような、清々《すがすが》しい空気に包まれる。

＊

川越さんが秋から冬にかけて、期間限定で出すオードブルが松島産の牡蠣スモーク――生牡蠣を桜チップと焙《ほう》じ茶の葉で燻し、鷹の爪を入れたオイルに3日間浸したもの。

それだけ食べると、ナッティーな香りにくるまれた牡蠣の味わいがし、その後、燻香《くんこう》が立ち、ピリッと舌が痺れる。

これに合わせて出してくれるのは、オールド・ボトルに入ったボウモア12年。いまのボトルとはまるでシェイプが違う。無骨でごつごつした姿は、昔気質の親父のようにも潮焼けした漁師のようにも見える。いかにも男の酒だ。

脚の長いすっきりとしたグラスに川越さんがウイスキーを丁寧に注いでいく。仕事をするその場所だけが、蒼然とした空間で唯一スポットライトを浴びている。

とろりとした液体が淡い黄金色の輝きを放つと、たちまちグラスから潮の香りが立ちあがった。やがてハチミツのような甘い香りも加わり、さまざまなフレイバーの交響がはじまる。グラスに少量の液体を注いだだけで、香りの分子がものすごい速度で拡散しているのだ。

力強く握ると折れてしまいそうなグラスの脚をつまみ、ボウモアを少し口に含む——。舌のうえに海藻の味わいがゆらめきだす。強いスモーキー・フレイバーが口いっぱいに広がった。ヨードの匂いはボウモア蒸溜所のあるアイラ独特のもの。よく「ヨードチンキのような」と形容されるあの香りである。

アイラはスコットランド北西に浮かぶ、ピートに覆われた小さな島だ。海辺に8つの蒸溜所があり、それぞれ個性的なウイスキーを生んでいる。アイラ・モルトはもちろんシングルモルトとして素晴らしい酒だが、ブレンディッド・ウイスキーを造るときにもアクセントやハーモニーをつける決定的な役割を果たす。ヨードとピートの強烈な香りは、他の土地からは絶対に生まれ得ない唯一無二のものだ。

アイラ島は海からの風が強く、海藻が舞い上がってピートの中に混ざる。ウイスキーを造るときにはピートを燃やして麦芽を乾燥させるのだが、潮の香りはそのピートに海藻が入っているからなのだ。ウイスキーを熟成させる倉庫も海辺にあり、潮風を呼吸して育つので、海の香りのモルトになるとも言われる。

ボウモアには上品でほのかな甘みがある。サーッと潮が引くようなドライな切れもいい。が、余韻は長く円やかに残る。

オイル漬けの牡蠣スモークを一口。

再び、ボウモアの12年。

牡蠣とウイスキーの燻香が混ざり合う。そして、牡蠣のみずみずしい身肉から海のジュースが滲みだし、ボウモアの潮と響きあう——。

松島とアイラの海が、いま、このグラスの中で出会ったのだ。

＊

川越さんは青森生まれ。両親が教師という家に育った。母親は美術の先生だったので、美術全集や写真集が本棚にずらっと並んでいて、子どものころはそのページをめくって絵を眺めるのが楽しみだったという。

中学生のとき洋服に興味をもち、『メンズクラブ』や『ポパイ』を毎号熟読。「街のアイビーリーガース」「ポパイ少年」に憧れて、VANのダッフルコートを母親に買ってもらった。その洋服好きが高じて、洋裁を学ぼうと東京の文化服装学院に進学するも、いろんな縁が重なって、バーの世界に足を踏み入れた。

「学生のころ(1980年代)、千駄ヶ谷《せんだや》にあった『ライズバー』にアルバイトで入ったのが最初です。お酒よりも音楽メインのバーで、ファッションや出版関係のお客様が多かったです。オーナーがタケオキクチやトキオクマガイなどのファッションショーの音楽を担当していました。初めは客として行っていたんですが、オーナーとファッションの話でつながって。当時はぼくもショーの音楽に敏感に反応していましたんで。今は洋服に興味がなくなって、女房が買ってくれるものを着てますし。音楽も……ま、忘れていくことばっかりで……」

と川越さんは慎ましやかに言う。ライズバーは当時のクラブシーンの先端を走るお洒落な店だった。

「バーで働きはじめたころ、お酒のことはまったくわからなかったんです。当時あんまり飲まなかったんで……。カンパリとチンザノの区別すらつかなかったくらいですから」

ライズバーではいろんな客と知り合った。ことにスタイリストの北村勝彦さんは、『ポパイ』

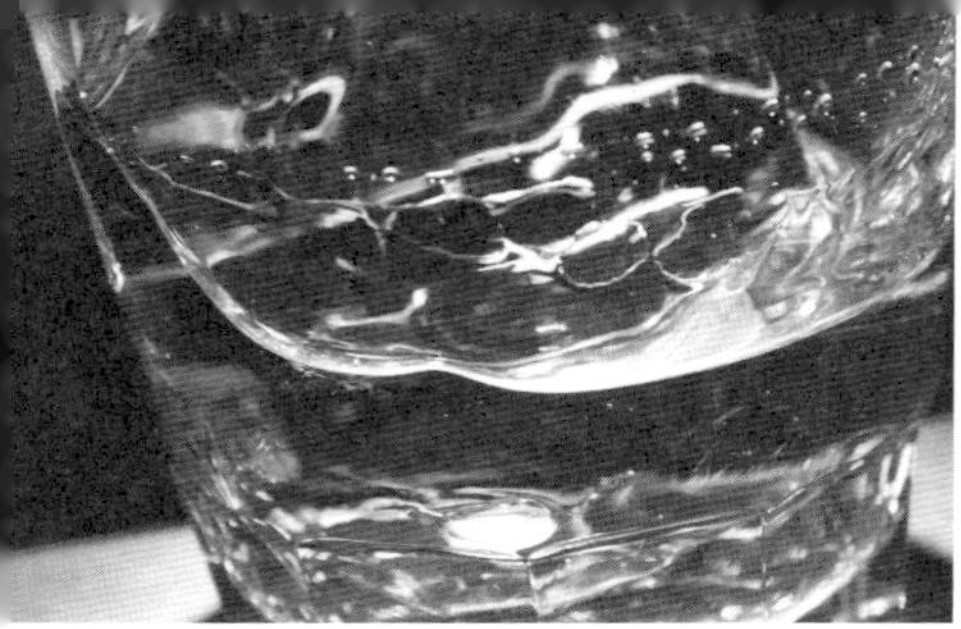

『ブルータス』『ターザン』などのファッション・エディターをする憧れの人だった。その北村さんの誘いで、川越さんはバーを辞めてスタイリストの仕事を手伝うことになる。

「ちょうど『ターザン』創刊のころ(1986年)。ほんの少しの間です。今まで唯一、洋服がらみの仕事をしたのがそのときでした」

その後、再びバーの世界に。京都・祇園に行き、東京に帰って西麻布の「ル・クラブ」という、今や神話になっているバーで働いた。当時の店の写真を見せてもらうと、カウンターが艶やかな黒で、カワゴエのそれとよく似ている。

「ル・クラブに行ったとき、氷の入ったグラスにライトが当たるその凛としたシェイプが目に留まちゃって。それ以来ずっとグラスと酒は絶対に切り離せないと思っています。酒は……味はもちろんなんですが、風姿《ふうし》というか見た目が大事だと思うんです。黒バックでグラスの線が微細なところまでキリッときれいに見える『ザ・サントリーカクテルブック』の写真のような。ああいう酒を作りたいと思うんです。ル・クラブではカクテルグラスもロックグラスも、そういう美しいラインが出るように照明を考え、プレゼンテーションしていました」

なるほど。カワゴエのグラスの見せ方、シックで落ち着いたカウンターの気配――それらに、ル・クラブのDNAが引き継がれているのだ。

川越さんはバーテンダーを最初から続けていこうと思っていたのですか?

「いえ。正直言って、それはないです。何もすることがなくなったら、バーテンダーでもやろうかなという感じ。ま、学校も中退してましたし。偏見もあったんですけど。でも、楽しくてバーテンダーのバイトばっかりしてました。そのうち、この仕事が面白くなってきたんです」

洋服を作るのと、お酒を作るのは、似てますか？

「全然違います。ぼく、じつは洋服を作ることより着るほうが好きだったんですね。それは学校に行って、つくづくわかりました。今は、お酒飲むより作るほうが好きですね。あ、それ言っちゃ、まずいですよね」

そこまで惹かれるバーテンダーの仕事の魅力って何ですか？

「お客様の笑顔を見るとか……きれいごとしか言えないですねえ(笑)。ま、冗談はさておき……バーテンダーの仕事の魅力は……はっきり言って『自己満足』です。このカウンターに自分が作ったものを置く。それなら、絶対にきれいなものを出したい。氷もそうですし、グラスもそうですし。ル・クラブの前田店長がそうでしたから。

いま、もし店長がここにいると、『なんだ。お前の作ったものなんて』と鼻で笑われるでしょうね。前田さんはすごい人でした。もとはコックだったんですが、バーテンダーになるといってル・クラブに入ってきた。職人魂の人です。彼のストイックな仕事ぶりが好きでした。毎日図書館に通ってソムリエの勉強もしたし、英語も独学でマスターしたり。正月3日間しか休みをとらず、いつも率先してカクテルなどの勉強会をしていました」

川越さんは、バーテンダー＝職人としての生き方や技術を前田さんから学んだという。

職人ならば、完璧なものに拘《こだわ》る。川越さんにとって完璧な酒とは何だろう？

「うーん。カクテルによっても違うんですが……氷の組み込み方から、ステア、酒の動きとか……何が良いかって口ではなかなか言えないんですけど。出来上がったときに、自分のなかで完璧というのはあるんです。『これは絶対に美味いだろう』って……あるんですけど、お客さんの誰にもわからないんです。失敗してるとすぐにわかっちゃうんですが……」

完璧なものは他者にわかりにくい。失敗はわかりやすい――深い言葉だ。

自分のなかに絶対基準がある。

そのことで矢沢永吉を思いだした。彼の忘れられない言葉がある。

――こんな音楽やると、おれは良いけど、ＹＡＺＡＷＡが許さない。

リハーサルでバンドのサウンドが微妙に違うと矢沢永吉が思ったときの言葉である。

おれとＹＡＺＡＷＡは違うのだ。ＹＡＺＡＷＡは絶対的基準であり、心理学者ユングの言う「自己（セルフ）」のようなものなのだ。矢沢永吉という音楽エンターテインメント職人にとって、「自己（セルフ）＝自分自身の神に近い存在」から見た絶対基準があって、それが指標になっているのだ。

川越さんの言葉は矢沢永吉の言葉と相通じている。

「氷の形も毎回違うし、店の中の温度も違う。氷の溶け具合などを考えると、同じものは絶対にできない。マティーニひとつとってみても、そのへんの違いがあります。ただ、ステアの動きがいいときは、すごく良いマティーニができていると思います。ぼくの基準は前田さんの動き。前田さんだったらこうなると思いながら、いつも作っているんです」

先輩職人のたましいが川越さんのセルフに映し込まれているのだ。

＊

「ほんとは、ウイスキーはそのまま飲むべきだと思うんです。バーテンダーとして、それを言ってはいけないんですが……。

ウイスキーというのはカクテルではなくて、すでに出来上がったモノなんですが、意外性というか、どうしてこんな香りがするのか、というのが面白いですね。ぼくは味よりも香りがすごく気になるんです。そういう意味では、アイラは魅力的ですよね。ボウモアと出会ったときの印象は忘れられないです。そのボウモアも時代時代によって香りが違っている。『なんで、こんな香りがするんだろう?』といつも不思議に思いますね」

ウイスキーは香りが楽しい――?

「ロックにするのは飲みやすくするためです。『香りを楽しむなら、そのままでいかがですか？』とお客様には申し上げます。冷やすと、香りが引っ込みます。ですから初めて飲むウイスキーは、そのままストレートでお出ししたいなと。常温で飲むのが一番いいですね。ロックのほうは見た目がとてもきれいです。氷に当たっているお酒は美しい」

オンザロックのときの氷の形は？

「グラスのサイズによって変えますが、あえて氷は円くしないんです。うちでは氷を面取り（角を薄く削ぎ取る）して、水で洗って使います。あんまり凍りすぎているのもダメだと思うんです。ウイスキーや酒については、不純物というか、そういうのが味じゃないですか。キンキンに凍っていると、その大事な旨味がくっついちゃって……。ですから、氷を作るときは一回水で流したほうがいいなと。ロックのときは一度氷の温度を上げて、それにウイスキーを当てたときが一番美味しいんじゃないかと。マイナス３０度で凍らせてペキペキ音のする氷。あれはどうかなと思うんです。ウイスキーの美味しい部分が氷にもっていかれてしまう……。ぼくの勝手なイメージなんですけど」

オンザロックの見た目の美しさは、氷を入れたときに液体がゆったりと油のように揺れる。あれですよね。

「ええ。水割りもそうですね。ですから、混ぜきらないのが大切です。ロックのときも、ぐ

るぐるステアして冷やす必要はないんです。水とウイスキーが自然に絡まっているその隙間を飲むというか」

隙間というのは、オン・ザ・ボーダー。境界や周縁にリアリティーが宿っているのだ。

「本来ならば水割りもステアしないし、水を足した重さだけで出したいんです。でも、『混ざってないよ』ってお客さんに言われると、『しょーがないな。はい、はい』って混ぜちゃうんですけど（笑）。水割りの基本は水を垂らすだけ。すると、どんよりと液体が揺らいで、昔のウルトラQのオープニングみたいになって混ざっていくんです」

そう言って、白い歯を見せた。

＊

氷。グラス。光。香り——。

川越さんの愛するものはすべて儚《はかな》く、脆い。

その一瞬、たしかにそこに存在するが、力やエネルギーが加わると、それらは形や有《あ》り様《よう》を変化させる。

不安定や刹那性は「美」の本質だ。川越さんはそうした美の波動に共振するのだ。「ウイスキーは時間の飲みものです。香りの変化を楽しんでください」という彼の言葉には、移ろうものに対する感応がある。

オンザロックの液体がゆらめくように、時間はたゆたっている。時間を制御できる者は誰もいない。すべてのものは時間の海に浮かび、波に身を任せ、ただ揺られていくだけだ。雪や紅葉や桜。雲の行方《ゆくえ》、時雨《しぐれ》の音……日本人の美意識の底には「はかなさ」があり、それが「もののあはれ」になった。

ガラスは透明で硬質だけれど、瞬時にして壊れてしまう。あっけなく美しさが消える、ぎりぎりの緊張を孕《はら》んだあやうさがガラスの魅力だろう。世にあるものすべてに終わりはあるが、とくにガラスの無常は見えやすい。

しかし、変化《へんげ》こそ自然の妙——その玄妙を玩味《がんみ》できるかどうか。そこに、この世界を深く生きるための鍵が隠されているのではないか。

＊

川越さんは黙っていると苦み走っている。だから一見近づきがたく見えるが、一皮剥くとお茶目だったり少年ぽかったりする。

あるときタクシーを拾うために、わざわざ店の前の稲荷小路に出てくれた。ところが、嫌いな会社のタクシーが走ってくると「あれはやめましょう」と言いつつ、決して道を譲らず、むしろ身体をぶつけんばかりに歩き、「うん。この会社がいい」と車を止めてくれた。

店でプライベートなことはほとんど話さないが、他のお客さんがいないときに、こんな話をしてくれたことがあった。

「うちの子どもの通っている小学校に、『ドラえもん』に出てくるジャイアンみたいないじめっ子がいるんです。ＰＴＡでそのことが問題になって、今日ミーティングに出席したんですが……ちょっと驚いたんですよ」

いまのいじめは、顔の見えない多数派がいじめる側にまわる。ジャイアンというのは、顔の見える古典的ないじめっ子だ。

「そうなんです。昔よくいた、いじめっ子。でも、不思議なのは、ジャイアンに対して先生が誰も真剣に向き合っていない。『ジャイアンの親が文句を言ってくると怖いから……』と尻込みして、臭い物に蓋をしようとしている。親たちもジャイアンを自分の子どもの周りから排除することばかり考えて、なぜ彼がいじめに走るかを考えない。『とにかくあの子を何とかして』ってことだけ。誰もジャイアンの気持ちに寄り添おうとしない。

彼だって最初から人をいじめようとは思わなかったでしょう。いじめっ子になるには、それだけの理由がある。なのに、その根本的なところをちゃんと考えないで、対症療法ばかりとろうとする。いじめっ子を除《の》け者にして、ほんとのところ、じつはその子をいじめようとしてるんじゃないか。そんなふうに思えたんです。おかしな話ですよね」

顔の見えない多数派――そのずるさや巧妙さに対して川越さんは静かに憤っていた。

ぼくもまったく同感だった。おとなのずるさが子どもに浸透しているのだ。むしろ、顔のはっきり見える＝責任の所在をあきらかにしているジャイアンのほうが背筋がすっとしているではないか。

物事の本質を見つめる川越さんの目は信用できる。あらためてそう思った。

ル・バール・カワゴエはスタイリッシュなバーだ。でも、ただ美しいからファンが多いのではない。川越さんの露わには見せない反骨の姿勢＝津軽の「じょっぱり」精神、懐の深さが、その美しさに厚みとやわらかさを付け加えている。それが心地よい。だから、静かなおとなのコミュニケーションがある。

＊

川越さんが手製の牡蠣スモークに次に合わせたのはスモーキー・マティーニ。ビーフィーターのジンとアイラ島のシングルモルト＝ラフロイグで作る。

まずミキシンググラスに、大きさが微妙に違う氷を組み込み、くるくるとステアして冷やす。ふつうはカランカランと音がしそうなものだが、まるで音がしない。静かに滑らかに、しかし、スピーディーに１００回以上ステアする。

ラフロイグを注いで再びステア。香りづけをした後、ほんの微かに液体を残して、サッと捨てる（もったいない！）。そしてジンを注いで、もう一度９０回近く素早くステア。キンキンに冷やしたグラスに注ぎ、レモンピールをグラスの縁でしぼって完成――。

天からの一条の光のなか、グラスは真っ白に霜がおり、透明な液体が冴えわたっている。その姿はまるで白い氷の炎が立ったよう。

手際よい川越さんの動作を見ているだけで、ごくりと生唾がでてきた。

牡蠣スモークをひとくち含んで、飲む。

森と川と海が出合うところに牡蠣は生まれるという。淡いレモンの香りが、牡蠣を育んだ森の味わいを一瞬際立たせた。そうして、その奥からラフロイグの胡椒風味の塩辛さが浸みとおっていった。

静謐と爽涼で背筋がすっと伸びた。

飲み終えてしばらく経っても、ジンと牡蠣のみどりの香りがブレンドされ、そこはかとなく口中に漂った。

「美味しい牡蠣はいつまでも余韻が残る。お酒を飲んだ後もずっと残る」と牡蠣漁師に聞いたことがある。

まさに、それはル・バール・カワゴエのことではないか――スモーキー・マティーニのグラスを口に運びながら、そう思った。

マスター。
ウイスキー
ください

ウイスキーは寂しい

…東京「バー武蔵」

武蔵昌一さん（1962年生まれ）との付き合いはけっこう長い。出会ったのは1991年。渋谷のはずれにある松濤倶楽部《しょうとうくらぶ》というバーだった。武蔵さんは当時29歳。店を任され、チーフバーテンダーとして後輩3人を率いて大車輪の活躍をしていた。

カウンターに立つ4人はすべて20歳代。正直に言うと、初めてスツールに座ったときは、「こんな若いバーテンダーたちで大丈夫なのか」とちょっと頼りなく思ったものだ。が、オーダーを訊き、おしぼりを出す、その挙措動作一つひとつを見ていると、それが杞憂にすぎなかったことがわかった。

しっかりと目を見て応対する、その目の光に一点の曇りもなかった。明るい五月の風が吹き抜けるような心地よさがある。若さが逆にメリットになっていた。4人それぞれ繊細な心配りができ、勉強熱心で、会話の挿《はさ》み方も客とのほど良い距離をわきまえていた。

グラスが空になっても、「次は何にいたしましょう」などと慇懃《いんぎん》な押しつけをしない。それが何より良かった。バーで一番鬱陶しいのは「次は…？」の物欲しげな一言だ。松濤の4人は客のことを上手に放っておくという高等コミュニケーション技術を若くしてもっていたのだ。

第一印象が良かったので、それから足繁く通うようになる。そのたびにリーダーである武蔵さんのすごさがわかってきた。

とにかくウイスキー（だけでなく酒全般）をよく知っている。しかも、その知識をひけらかさない。技術に溺れない。多方面にわたって本を読み、映画も観る。だから、何より会話が面白い。良い加減の間があり、ふんわりとした笑いがある。オーセンティックなバーなのに、まるで肩が凝らない。店に入ると、「ああ、帰ってきたぁ」と息がつける——そんな空気を醸していたのである。

松濤倶楽部で5年働いた後、自らオーナーとして表参道にバー「トップノート」をオープン。そのまた5年後の2000年には銀座8丁目に自らの名前を冠した「バー武蔵」を開き、現在はその他2店を経営している。

しかし、これだけ店をもっているからといって、バーの仕事そっちのけの「ギョーカイ人」や「経営者」になることはない。つねに一バーテンダーとしてシェイカーを振り、テイスティングをし、感覚を磨き、後輩たちに率先垂範している姿は、昔とまるで変わらない。いささかもブレない。その姿勢が清々しい——ざっくばらんにウイスキーのことを、そしてバーのことを訊くのなら、この人をおいて他にはいないだろう。

ぼくは久しぶりにバー武蔵の扉を開き、カウンターに向かった。

*

「開高さんが生きていたら、いまのウイスキーのことどう思うのかな、とよく思うんですよ」

開口一番、武蔵さんはこう切りだした。

「じつは、最近のウイスキーの香りからは『森の香り』が失われてるんじゃないのかなって」

森の香りというのは――？

「腐葉土の香り。茸みたいな、森の樹液が発酵したような香り。決して良い香りじゃないんだけど……カブトムシ捕りに行った人ならきっとわかってくれると思うんだけど。誤解を恐れずに言えば……カブトムシの香りがスコッチにもジャパニーズにもあったと思う。それがいま感じられなくなっているんです。

一番記憶に残っているのは、発売されたころのサントリーのザ・ウイスキーの香り。あの酒には、山崎のシェリー樽特有のエステリー（熟成による甘く華やかな香り）があった。しかも、ゴム様（ゴムのような香り）もする。過熟成で、ある瞬間にはラムみたいな香りもしたり、マンゴーみたいな南国のフルーツの香りもしたり――。

ぼくは、あのあやしい香りのするウイスキーが忘れられないんです。ああいうタイプのウイスキーは、もう日本にもスコットランドにも存在しなくなってるんじゃないのかな……。いまの響に代表されるような、白檀の香りもすごくいい。洋梨のように上品で、きれい。でも……

ぼく個人としては……正直言って、つまんない。だから、『開高健が生きていたら、いまのウイスキーを飲んでどう感じるだろう』って、ときどき思うんです」

そして、こう続けた。

「スコットランドでフロア・モルティングをやらなくなってから、ウイスキーの香りと味が大きく変わったんです」

フロア・モルティングというのは、ウイスキーの原料である大麦にあらかじめ水分を吸わせておき、それを石床に広げて発芽させる麦芽製造のプロセス。麦芽といっても何なのかわかりにくいので、あらためてウイスキーがどうやってできるかを簡単に説明すると――

一般的に、すべてのお酒は糖分があればできる。糖分に酵母がかかわることによって、アルコールが生まれる。

大麦からウイスキーを造るためには、大麦のデンプンを糖に変えなければならない。麦芽の中にはデンプンを糖に変える酵素があるので、まず、大麦を発芽させる(＝麦芽をつくる)わけである。大麦の糖分は酵母の働きで発酵し、ビールのようなアルコールができる。それを蒸溜すると、ニュー・ポット(生まれたての透明なウイスキー。麦焼酎のような香りと味)になる。

さて、フロア・モルティングに話を戻すと。

床に広げられた大麦を職人が木のスコップで鋤《す》き返し、空気中の酸素を麦芽に与え、発芽を均等に進めていく。たいへん手間暇のかかる仕事である。

武蔵さんは言う。

「今も少量だけフロア・モルティングをしている蒸溜所もあるんです。なぜわざわざやるかと言えば、味や香りに与える効果をよく知っているからなんですね。猫が走り回っている床に麦芽を撒《ま》いちゃうわけだから、決して衛生的じゃないですよね。でも、そのほうが複雑で深い香りのウイスキーになる。床の湿った匂いなんかも、かなり影響するでしょうね」

食べものや飲みものの味わいに陰影をつけ、微妙なふるえを生み出すのは、「雑味《ざつみ》」である。雑味とは割り切れないもの。人生の甘酸辛苦を味わった後にできる顔の皺のようなもの。それがウイスキーの味や香りに大切だと、武蔵さんは指摘しているのだ。

酒の味わいには、それを造る人間の生き方が反映されている。いまの清潔神経症的な日本人とその酒は、かなり似ているかもしれない。みんな同じようなメイクで表情に乏しく、無菌室のラットのように清潔。表面的には良い子たちだけれど、突出したものがないし、深みもない。

武蔵さんは決して情緒的でなく、こう語る。

「時代がそういう酒を要求しているのなら、ぼくの『あやしいウイスキー』の記憶も消えるべきなのかもしれない。でも、今こそ、『あやしさを失ってはいけない』と言っておきたい。というのも、いまウイスキーにかかわっている人たちで、かつての甘く危険なウイスキーを知っている人がほんとに少ないという、ぼくなりの危機感があるんです。

なんだかよくわからないものが、ウイスキーにはあったんですよ。ほんとに神が造ったような、泣けちゃうようなウイスキーが。でも、今はそんなウイスキーと出会う確率がほとんどない……。

じゃ、何に一番泣けたかと考えると、やっぱり『森の腐葉土の香り』なんですね。干し椎茸やポルチーニを戻したときみたいな香り。芳香じゃない。でも、それに惹かれる。やっぱりそれを飲みたい」

*

話を聞いていると、つくづく、ウイスキー(酒)は文化そのものだと思う。じつは、武蔵さんは、文化にとって何が大切かということをウイスキーを通して語っているのだ。

「たった一杯のウイスキーなんだけど、あやしい存在だからこそ畏敬の念が生じた。また、その怖れが憧れにも転じたと思うんです」

夜も煌々《こうこう》と光を浴びる東京の街では、土地から立ち上る物語は生まれない。闇は駆逐され、そこに棲んでいた精霊も妖怪もさびしく消えいくばかり。

東京ばかりではない。24時間オープンの必要なんかまるでないのに、日本全国いたるところ同じ顔をしたコンビニが並び、明るい照明がアスファルトにこぼれている。そういう津々浦々の町や村で、怖いのはむしろ人間になっている。たましいの抜けた無表情な人間たちだ。

ところで――

蒸溜酒は英語でスピリッツ(spirits)。単数形のスピリット(spirit)は「たましい」の意味である。

もともと、日本酒やワインなどの醸造酒は、糖分が自然に発酵して生まれたもの。アルコール度数はせいぜい20%弱。蒸溜酒はその醸造酒を火にかけて蒸発させ、次にそれを冷却して取り出した、アルコール度数の高い人工の酒である。

最初に酒を蒸溜したのはギリシアのアリストテレスだと言われているが、そのときはワインを使った。ワインはキリストの血といわれるくらい、キリスト教世界ではスピリチュアルなもの。そのワインを蒸溜した。火にかけて一度死んだワインが、蒸溜することで再生した。そこには、形は違うが、生き続ける不変のものがある。それは、きっと「たましい」にちがいない
――そして蒸溜酒はスピリッツと呼ばれるようになった。

つまり、蒸溜酒は「たましい」の酒なのだ。「たまげる」という言葉は「魂消る」=「たましいが消えること」。あまりに驚いて腑抜けになってしまうことである。沖縄では「たましい」は「まぶい」と言われ、茫然自失状態のときは「まぶいを落とした」と言われる。「たましい」がきっちり体内に入っていて、精神と肉体が噛み合っているのが、人間の真っ当な状態だ。沖

縄の友人が東京に来て、混雑した通勤電車に乗ったとき、「まぶいを落としてる人が多いねえ」と呟《つぶや》いたことがあった。

たしかに、そうだ。電車やバスに乗っても、街並みを気取って歩く人も、まるで楽しそうには見えない。人生何のために生きているのと問いかけたくなるほど、「たましいの抜けた」表情で歩いている。

日本の自殺者は一日90人近い。13年連続して年間3万人以上が自殺している。この数は交通事故死者数の5～6倍。自殺率はアメリカの2倍以上、イギリスの4倍近くにもなる。

閉塞した社会状況のなかで、「新しいことはやめておこう」「まずは様子を見て」「突出しないように」「クレームをつけられないように」……言い訳のための理由が、最初から雇い主（クライアント）から出される。仕事を受ける側は、それを慮《おもんぱか》って自主規制するケースも多い。「たましいの抜け具合」は、政治はもちろん、企業、教育、医療、マスコミなどあらゆる分野に浸透している。しかも、もともと日本人のもっている農村共同体的な「まるく収める」という精神的OS（オペレーティング・システム）に載っているから、始末が悪い。

だが、農村共同体には村の鎮守様がいらした。たましいがあった。そこが大きく違う。たましいは、神的なものと悪魔的なものを包摂している。光と闇を共在させるホリスティックなものだ。

武蔵さんの言う「あやしいウイスキー」とは、ぼくたちの無意識や文化の奥深くに存在する生命力のことだ。光と影、生の本能（エロス）と死の本能（タナトス）をあわせもつ「たましい」のことだ。その大いなる「たましい」に近づくことこそ、ウイスキーのめざす道——武蔵さんはそう語っていると思った。

＊

「ぼくらの大学時代って、ウイスキーは圧倒的にバーボンだったんですね。アーリータイムスとかハーパーをボトルキープして、ガバガバ飲んでいた。その後、ラムが美味しいなと思ったんです。ジャマイカ系のラムが好きだったですね。で、たまたまキープしている店にラムがなくて、友だちと『何飲もう』て話になって、角瓶を飲んだんですよ。ロックで飲んでみたら、『これ美味いじゃん』と思って。ぼくが本格的にウイスキーを好きになったのは角からなんです。23～24歳のころです。

それからウイスキーを勉強しはじめて、シングルモルト・ウイスキーの存在を初めて知った。そのころ、シングルモルトはまだまだブレンディッド・ウイスキーの材料という認識が強かったんですよ。たとえばバランタインなら、スキャパやアードベッグ、ミルトンダフなど、たくさんのモルトをブレンドしています。ぼくはいろいろなブレンディッド・ウイスキーを飲むことで、その中にどんなモルトが入っているんだろうと勉強していったんです。そうやって飲み比べながら、スモーキーやエステリーやハーシュという香りや言葉を覚えていきました」

そういえば松濤倶楽部時代、このウイスキーには何のモルトが入っているか当てっこしようと楽しく遊んだ覚えがあった。

武蔵さんにとって、ウイスキーの魅力はいったいどこにあるのだろう？

「寂しいから、いいんです」

さらりと言った。予想外の答えだった。

「どこか寂しいんですよ、ウイスキーは」

*

「ウイスキーってコニャックの代わりに世に出たわけじゃないですか」

……？　と思われた読者のために、ここで少々ウイスキーの歴史を繙《ひもと》いておこう——。

もともとスコットランドの地酒にすぎなかったウイスキー（当時はシングルモルトのみ）が世界酒になった理由の一つは、ブレンディッド・ウイスキーを考えだしたことだ。

産業革命によって連続式蒸溜器が発明された（1826年）。それによって、トウモロコシなどから造られたグレイン・ウイスキー（グレイン grain とは穀物のこと。原料が malt ＝麦芽ではない）は、モルト・ウイスキーの荒々しく個性的な味わいとは対照的に、ひじょうに性格の優しいクリーンな酒だった。

1853年には、モルト・ウイスキーとグレイン・ウイスキーをブレンドさせたブレンディッド・ウイスキーが誕生する。それは、モルトの個性を生かしながらも、飲みやすいウイスキーだった。折しも、1860年代のヨーロッパで葡萄の寄生虫フィロキセラが大発生して葡萄が全滅。ワインやコニャックの生産ができなくなる。

当時ロンドンの富裕階級はコニャックを飲むのがお洒落とされていたが、そのコニャックが飲めない。さてどうしよう、となったとき、「そうだ。あれがあるじゃないか」と登場したのが、ブレンディッド・ウイスキーだったのだ。そして、1880年代にイギリスで流行。世界酒への一歩を踏み出したわけである。

そして再び、武蔵さんの話に戻る。

「社交界がコニャックに代わる食後酒を探しているときに、スコッチが世に出ました。その状況から察しても、スコッチはものすごくコニャックを意識していると思うんです」

コニャックの発想は、ブレンドして円い酒を造ること。ブレンディッド・ウイスキーは、ごつごつした武骨なシングルモルトをブレンドし、その強烈な個性の角をとり、いびつさをなくすことで、バランスのとれた円い酒をめざしたわけである。

「ブレンディッド・ウイスキーの香りはとても甘い。でも、コニャックと決定的に違うのは、甘みが足りないこと。口に含むと、『ああ、スコットランドは葡萄の育たない北の辺境の土地なんだ』と思えてくる。香りとしては必要十分にある。けど、口に含むと意外とドライで。『きっと寒くて厳しいところで生まれ育ったんだろうな』って(笑)。そして、とってもせつない気持ちになる。でも、そのせつなさがスコッチの一番の魅力だと思う。ウイスキーは何かがちょっと足りない。せつない酒なんです。

翻ってコニャックはどうかというと――太陽を浴びて幸せいっぱい。にこにこしてる。葡萄っていいなあって感じがするでしょ(笑)」

たしかに、ウイスキーってちょっとマゾヒスティックな感覚があるのかもしれない。「武士は食わねど高楊枝」みたいな痩《や》せ我慢の思想というか。「どうせ、みんなから万遍なく好きになってもらえないし。でも、八方美人なんて嘘じゃねえか」という呟きが聞こえてくる。ウイスキーは不器用な生きものなのである。

「そうそう。でも、そこにウイスキーの原点があるような気がするんです。スコットランドは冬になると午後の早い時間に、もう真っ暗になっている。何もやることがない。じゃ、ウイスキーでも造るか、みたいなもんだと思うわけ。夏、全英オープンやってるような季節の良いときに、スコットランドへ行っても、蒸溜所なんてどこもやってませんよ。『こんなに良い季節にウイスキーなんて造ってる場合じゃない。洗濯しなくちゃ(笑)』。

ドーバー海峡渡ってフランスに来ると、陽の射し方が違いますよね。同じゴルフでも、フランスはレジャー。スコットランドではゴルフやっててもストイック。いきなり雨が降ってきて、風もびゅーびゅー吹いてきて、なんでこんな目に遭いながら遊ばなくちゃなんないんだろうって（笑）。でも、不思議なことに、スコットランドの人はそんな雨風の中でゴルフやってても、なんとなく顔が笑ってる。ススキみたいなのが繁茂してるところにボールが入れば、全然見つからないし。何しに来てるんだかよくわかんないんだけど、そのなかに喜びがあったりするんですよね」

＊

武蔵さんの話を聞いていて、「せつなさ」は「貧しさ」（＝豊饒ではない）に由来すると思った。コニャックとスコッチの対比は、南に対する北の貧しさの象徴だ。

日本も太平洋戦争後はとても貧しかった。でも、精神は躍動していた。何もないけれど、青空はあった。だからこそ、ウイスキーがあれだけ飲まれたのではないか。

あるいは小津や黒澤、溝口に代表されるように、戦後の日本映画のレベルは高い。プアマンズ・アートといわれる映画は、貧しさから傑作が生まれる場合が多い。

日本は東京オリンピックが開催された１９６４年を節目に様変わりし、審美眼や精神性を失っていったが、小津安二郎は奇しくも１９６３年１２月に亡くなっている。彼の映画『秋刀魚の味』にはトリスバーが登場している。貧しかった時代、トリスや白札が日本人の心に静かに

BAR
MUSASHI

Age Unknown

The
MACALLAN
GRAN RESERVA

寄り添っていたことがその映像を見てもよくわかる。

武蔵さんは言う。

「ものの本質は貧しさというか、ある種限界状況のなかで見極められるんだと思うんです。生命を削らないとわからないことがあるんです。それは、生と死が身近にある状況でしかわからない。ぼくらの世代は厳しい時代を生きていないのでリアルにはわからないけれど、本を読んだり映画を観て感動するというのは、生命を賭けて本質を探ろうとした人たちの思いに揺さぶられるからでしょう。

ウイスキーに戻って考えると――かつてウイスキーにも人を揺さぶるものがあったはずなんです。でも、今、そういうウイスキーは求められていないような気がする。それは人びとが揺さぶられる酒を求めていないからかもしれないけれど、ぼくは、たまには揺さぶってほしいなと思う。あの『あやしいウイスキー』を知っている人間としては……」

もともと酒はたましいを揺さぶるものだった。人びとは神さまに五穀豊饒や航海安全を祈り、収穫や大漁のお礼を申し上げた。神さまとコミュニケートするためには、精神状態を違う次元にしなければならない。そのために酒は必要だった。酩酊すること（めまいの状態）で、たましいを揺さぶったのだ。

神と人を結ぶメディアとしての酒のＤＮＡをウイスキーは保ち続けていたということなのだ

ろうか?

「そう思いますね。ウイスキーは周縁に生まれたからこそせつないし、文化があった。精神の古層を持ち続けていた。それを忘れてはいけない。どんな産業でもそうなんだけど……売れること=人に迎えられることはとても大切です。でも、それと引き替えに大事なものを失ってしまう。哀しいことだけれど……」

いま、ウイスキーは分水嶺のようなむずかしいところに立っている。

それでは、今後どんなウイスキーを造っていけば、輝ける闇が戻ってくるのだろう?

「とても簡単なことだと思うんです。量産型と手作り感のあるものとを完璧に分けていけばいいんです」

戦後、「大衆商品のトリス」「高級品のサントリー」ときっちりブランドを分けていた、あのやり方だ。

「手作り感のウイスキーといっても、ピート香の強いシングルモルトはわかりやすいので、ピート香ばかりに注力するのもどうかなと思う。

香りはさまざま存在するのがいいんです。さっきから言っている森の香りやゴム様があっていいし、エステリーといっても、焼きリンゴから洋梨のようなものまでいろいろあるほうがウイスキーの懐が深くなる。だから、バリエーションをいっぱい造ろうよと。わかりやすい小さ

る。

「ハイボールがそういうおとなの世界への入り口になってくれるならいいんですが……」

武蔵さんが呟いた。

「底辺を広げていきながら、ピラミッドの頂点が高くなっていく。これが理想ですよね。入り口が広がっていないと、絶えていってしまう。寿司の世界は入り口が広く、かつ山が高い。回る寿司があるからこそ、プレミアムの寿司が成立する。

ウイスキーもそうありたいと思うんです。で、ぼくなりに突き詰めていくと、その頂点は、甘口のシェリーバットに入った、微妙にゴム様の、エステリーでちょっとスモーキーな、森の香りのするあのウイスキーなわけです」

＊

武蔵さんにとって、バーはどういう場所なんですか？

「うーん……バーって、くだらない話を真剣にできる場所でしょうね（笑）。酒の話だろうが釣りの話だろうが、何でもいいんです。そういうところって、なかなかない。別にバーでなくても、焼鳥屋でも寿司屋でも居酒屋でもいいんですよ。酒を飲むというのは『バカバカしいことを一所懸命やることが人生には必要』なんだと学ぶことなのかもしれません。

バーの良さはカウンター。会話が三角形になりやすい。それが面白いんです。二人で話していて『どうもうまくいかないな』というときも、そこにバーテンダーが加わると円滑にいくことがある。そういう意味では、バーテンダーの存在理由もちょっとだけあるのかなと思います（笑）」

ぼくがマスターに求めていることと武蔵さんがマスターとして自覚していることは、やはり一致していた（ま、そうでなければ長い付き合いにはなっていないのだけれど）。

いま東京のバーには、会話のちゃんとできるバーテンダーが少ない。

「まったく同感ですね。ぼくはカウンターのコミュニケーションが面白くてバーテンダーになろうと思ったんです。で、お客さんとお酒の話をしているなかで、『武蔵君さあ、そこまで言うんだったら、一度コンテストに出てみたら？』と言われて、それから技を身につけていきました。

『沈黙は金。雄弁は銀』で、バーテンダーが黙っているのは一般的には美徳ではあるんです。喋るのはむずかしい。考えて喋らないと銀にはなれないです。むしろ『喋らなければよかった……』というのが多いかもしれない。それが困ったもんなんです（笑）。だから、黙っているのが無難だと思っているバーテンダーが多いんじゃないのかな。ほんとは、ちゃんと『考えたうえで黙って』いなきゃいけないんだけど。

松濤倶楽部時代は、仕事の後で毎日反省会をやってました。『あのタイミングでお客様に話しかけるのは早すぎるだろう。会話を途中で遮《さえぎ》られて嫌そうな顔をされていたぞ』『8時ごろ齋藤さんがラフロイグのロックをオーダーされたときの、あの氷の入れ方、あの説明の仕方はないんじゃないか』——その日の開店から閉店まで4人のバーテンダーの動きを時系列で詳細に覚えていましたよ。最近は昨日と一昨日の区別もつかないんですけど(笑)」

なるほど。武蔵さんと初めて会ったあの松濤倶楽部のカウンターの空気は、そういう訓練の賜物《たまもの》だったのか……。いまや、当時のメンバーは全員店をもち、オーナー・バーテンダーとして活躍している。

＊

話に夢中になって、オーダーするのを忘れていた。

「武蔵さん。ウイスキーください」

「何がいいですか、今夜は？」

「武蔵さんのお薦めを、ぜひ」

「そうですねえ……何がいいかなあ……」

しばし沈黙の後、

「ウイスキーは寂しいから、何かちょっと加えるといいんです。基本的に甘いものを加えると、とっても美味しいんですよね。コニャックみたいになれるわけ。これをブレンダーがやるとウイスキーと呼べなくなるんだけど、バーテンダーや消費者がやるのはありだな、と常々思っていて。『スニフターグラスにウイスキーを入れて、それに何か垂らして飲もうぜ』というのは昔からけっこうやってるんです。一番危険なのは、ウイスキーにペドロ・ヒメネス（甘口のシェリー）を垂らしちゃうってやつ」

「それ、美味しそうだなあ」

「でしょ？　要するに、個人的なシェリー樽――グラスのことなんですけど――にウイスキーを一瞬寝かせるようなもんです。もともとはシェリー樽は容器ですから。イギリス人は甘いシェリーが好きだったから、そのシェリーをスペインから樽で運ぶ。飲んじゃった後の空き樽に、スコットランド人は密造していたウイスキーを入れて、谷間（glen ＝グレン）に隠しておくわけですよ。それがウイスキーを美味しくさせたと言われてますよね。

でも、ぼくはシェリー樽にウイスキーを入れるのは、彼らは最初から狙ってやったと思う。だって、『ウイスキーは寂しい』ってこと、作り手は十分知ってるわけですよ。どこかで甘さが欲しいんです。だから甘口のシェリー樽を使ったと思います」

武蔵さんはそう言って、スニフターグラスにシングルモルト・ウイスキーの白州を注ぎ、その上から少量のペドロ・ヒメネスをとろとろっと入れた。グラスを揺らすと、白州とシェリーの入った液体が心なしか赤っぽい琥珀色になる。

武蔵さんがすっとグラスをこちらに差し出した。

「どうぞ」

グラスを持ち上げ、ほんの少し、舌の上で転がした。

微かに甘くたおやかな、ハチミツのような香りが立ち上がる。

まるで違う。白州ではない。あの爽やかな高原の風のようなウイスキーではない。そこには、やわらかく豊満なボディをもったみずみずしい美女が現れた。少年っぽい爽やかな青年が、いきなり妙齢の美女になってしまったのだ。これには、驚いた。

マンゴーのような南国の甘い香りが、あの「あやしいウイスキー」を連想させる。「せつない」感覚は、この甘酸っぱいテイストも含んでいるのだろう。

「ぼくはどうしようもなくシェリー樽熟成が好きだから、こんなことを思いつくんです」

微笑みながら、カウンターを滑らせてきたグラスには、また違うウイスキーが入っている。

「『カスク・オブ・山崎』の、しかも『ヘビー・ピーテッド・モルト』。ピート炊いちゃったやつね。それにペドロ・ヒメネス入れちゃった。ピートが強いんで、いじめても、ちょっとやそっとじゃ負けないウイスキーだから。まだ香りはバラバラですが、すごく良いですよ」

口にふくむと、いぶりがっこ（秋田名物の沢庵の燻製）のような強烈な燻香がいっぱいに広がった。さっきの白州+ペドロ・ヒメネスとはまるっきり違う。初めてこの液体を飲んだ人は、とてもウイスキーとは思えないだろう。まるで飲むスモーク・チーズのようだ。

「ある種のウイスキーというのはこういうもんだったと思うんですよ。ピラミッドの頂点に君臨する酒ですね。こういうのは大衆的に支持されなくていいんです。変な茸の香りなんて、誰にも理解されなくていい。何人かわかる人が共感してくれればいいんですよ。そんなウイスキーがあっていいだろうと思うんです。でもね、ぼくは、こういうのを飲んだときに、涙するほど美味しかったんですよ。だから、ウイスキーの世界にはまっちゃったわけですから。かつてそういうウイスキーがあったんです。ボウモアの２９年とかね。

甘口シェリーを入れたウイスキーを、ぼくらはザ・グレンリベットやグレンフィディックにならって、『グレン松濤』と呼んでいるんですよ。松濤ってそういえば、ちょっと谷間っぽいかな（笑）」

あとがき……ウイスキーが教えてくれた

ずっと心のなかに二人のマスターがいる。

一人は木家下正敏《こかげまさとし》さん。赤坂一ツ木通りで「バー木家下」のオーナー・バーテンダーをされていたが、2000年に亡くなられた。いまは奥様が店を継いでいらっしゃる。

木家下さんと初めて会った当時、カウンターとテーブルが一つあるだけのこぢんまりとした店は、仄暗い照明のなか、白いカスミソウの花が繊細な静けさを演出していた。

木家下さんの風貌は、映画『ゴッドファーザー』に出てくるマーロン・ブランドに似ていた。会社が店の近くにあったので、先輩に連れられて行ったのだが、お愛想笑いなど一切なく、唇が意志的にへの字に曲げられていた。が、傲慢さは微塵もない。一種爽快な苦みの気配が肩のあたりに漂っていた(それが男の色気だということは、後年やっとわかった)。

怖いけれど、どこか惹かれる――不思議な磁力に吸いつけられるように、ぼくは一人で店に通うようになった。そうするうちに、木家下さんもときどき冗談を言ってくれるようになり、徐々にうち解けて話せるようになっていった。

そしてわかったのは、「木家下さんは職人」ということだった。への字の唇は、未熟な若者に対する旅券（パスポート）審査であり、含羞の表れでもあった。無愛想はひとつの通過儀礼だった。

付き合うほどに、そんな木家下さんに惚れていった。ぼくのつまらない悩みをグラスを傾けながら聞き、合いの手を入れ、「それじゃダメだろ」と厳しく叱り、エロチックな話で腹がよじれるほど笑わせてくれたり、仲違《なかたが》いしかけた友人との間を取り持ってくれたりもした。「酒は学校だよ」という言葉があるが、まさに酒場の先生だった。真剣に人生を遊んできた人だけがもつシンプルで根源的な哲学を語ってくれた。父や兄というより叔父貴のような、マージナルな（周縁的な）存在だった。

店にはいつも薄くジャズがかかっていた。ある年の大晦日、仲間数人で訪れると、期せずして貸し切り状態になった。木家下さんもかなりグラスを重ね、「じゃ、ビートルズにするかっ」と有線のチャンネルを切り替え、「I Wonna Hold Your Hand」をみんなでがなり立てるようにして歌った。しかも、割り箸でウオーターフォードのグラスをカンカン叩いて……。

――あの木家下さんと、こんなことやってるなんて。

酔眼朦朧となりながらも、奇妙な感慨が湧いてきたものだ。

＊

やがて木家下さんは幾度か病に倒れ、そのたびに明日のジョーのようにしぶとく立ち上がったが、ついに2000年10月9日、天に召された。その夜、ご自宅でお香の煙に包まれながら、長い眠りについた木家下さんとウイスキーを飲み交わした。

数日後、ぼくは仕事でミラノに向かったが、そのとき、木家下さんの枕辺で飲んだときの革ジャンを着ていた。ミラノで入国ゲートをくぐろうとすると、ぼくの周りを大きな犬が鼻をくんくんさせ、尻尾を振りながらゆっくりと一周した。可愛い犬だなと一瞬思ったが、その直後、むくつけき大男が二人現れて、肩に手を掛けられた。

何が何やらわからず、スーツケースを引っ張りながら別室に入ると、「着ているものを脱げ」と言う。どうもさっきの犬は麻薬犬で、ぼくがあやしいと取締官に告げたようだ。もちろん、不法な物を運んでいるわけではない。公明正大にパンツ一丁になった。取締官数人はスーツケースの中身も一つ一つ入念にチェックして、そのつど首を傾げるばかり。

ぼく自身もなぜこんなことになったのかまるでわからなかったが、革ジャンに腕を通しながら、はたと気づいた。

—これだ。香りが染み込んでいたんだ……。

きっと犬の嗅覚に訴えたのは、最後に木家下さんと飲み交わしたときのお香にちがいない。

「よっしゃん。びっくりしたろ?」

木家下さんの笑いを含んだ声が響いてきた。

＊

もう一人、心に残るマスターは名幸《なこう》ロバートさん。客はみんなボビーと呼んでいた。新宿三丁目・三光町《さんこうちょう》の交差点近くで「ボビーズ」というカウンター・バーを営んでいた。初めて会ったのは1984年の若葉のころ。ぼくは転勤で2年ぶりに東京に帰ってきたばかり。友人が「お前がいない間にいい店できたんだよ」と連れていってくれたのだ。

店の扉を開けたとたん、耳に飛び込んできたのはサム・クックの「ワンダフル・ワールド」。そのやわらかく優しい音を聴いた瞬間、からだがとろけそうになった。

カウンターの中にいたのは野球帽をかぶったTシャツとジーンズ姿の男。上背があり、筋肉質で腕も太い。顔の彫りが深く、声もよく通る。要するに、ちょっと日本人離れしていた。その男がニコッと人なつっこい笑顔をこちらに向けてきた。そして、スティービー・ワンダー、オーティス・レディング、エリック・クラプトン……ぼくの好きなソウルやブルースが次々かかる。

ドボドボドボと注いでくれたバーボンは優にスリー・フィンガー以上ある。目を見張った。ボビーが「いいんだよ」という顔をする。そして、皿を洗いながら、ときおりレコードに合わせて英語で歌った。その英語がホンモノなのはすぐわかった。

店は決してきれいではない。カウンターも傷だらけだった。ボビーが背にした窓からは、雨に濡れた交差点が信号の青や赤に染まるのが見えた。そうやってバーボンを飲んでいると、まるでアメリカの田舎町にいるような気分になり、つい調子に乗って、杯を重ねてしまった。

「サム・クックって女性によくモテたけど、最後は女の人に銃で撃たれて殺されちゃったんだっけ?」

思わず軽く言ってしまった。

ボビーはオイル・サーディンの缶詰を温めていた。

「うん……。だけど、刺したり撃ったりって話はやめよう。好きじゃないんだ」

胸板の厚い、暴力では絶対誰にも負けたことのないようなボビーが、野球帽を取り、丸刈り頭をぽりぽり掻いて、恥ずかしそうに言った。決して非難がましい口調ではなかった。

「………」この人はタフな状況を幾度もくぐり抜けてきたのにちがいない……。温々《ぬくぬく》と生きてきて、不躾《ぶしつけ》な発言をした自分がたまらなく恥ずかしかった。ただ黙ってバーボンを口に運ぶことしかできなかった。

ボビーが沖縄人《ウチナーンチュ》の母とアメリカ軍人の父との間に生まれたと知ったのは、それからだいぶ後のことだ。

＊

ボビーの人柄と店の雰囲気に惹かれ、日を措《お》かずに店に通うようになり、そのたびにバーボンをキープしては飲んだ。

当時のぼくは、I・W・ハーパーやアーリー・タイムスなどバーボンの宣伝担当。それまでバーボンはカントリー&ウエスタンのイメージで売られていたが、その戦略では売れないだろうと思っていた。

――もっと都会的な音でイメージづけしたい。ブラック・ミュージックのほうが合うはずだ。

ボビーズに通えば通うほど、その感は深くなっていった。

ある夜更け、バーボン・ロックもきつく感じられてソーダで割ってみた。と、けっこうさらさら飲めてソウル・ミュージックにフィットする。いかにも都会的な感じがした。

――バーボンが泥臭いイメージから抜け出すにはブラック・ミュージック。だけどブルースじゃない……。ソウルだ。ソウルがいい。飲み方はバーボン・ソーダ。そして、ラジオで音楽番組を作るのはどうだろう。全編英語でコマーシャルも英語。ソウル・ミュージック専門の番組……。

酔っ払いながらボビーとそんな話をして、カウンターに突っ伏す夜がしばしばだった。

「吉村さんへ。先に失礼します。今日は、どうもありがとう。カギはそのままでいいです。ロバート」

ある朝、店の中で起きると、スタジャンのポケットにボビーの手書きのメモが入っていた。いつも迷惑ばかりかけているのに、「ありがとう」なんて書いてあった。

＊

桜の咲くころ、ラジオ番組が始まった。ボビーに聴いてもらいたくて、そのテープを持ち、午後10時過ぎに店に行く。しかし、いつもならずいぶん盛り上がっている時間なのに、店に電気が点いていない。翌日も真っ暗……。何日通っても、店に灯《あか》りがつくことはなかった。やがて「どうやら閉めたみたい」という噂が耳に入ってくる。

それから数カ月後、六本木でボビーに似た人を見かけて思わず後を追いかけた。が、まったくの別人だった。

——ひょっとして沖縄に帰ったのか……。

その後ぼくは沖縄にはまって何回も通うようになる。コザの街でたまたま「ボビーズ・バー」という看板を見つけ、「あるいは……」と扉を開けた。けれど、カウンターに立っていたのはまったくの別人だった。

そして、ボビーと知り合って20年が経った2004年早春——。

たまたま、かつてボビーズのあったすぐ近くの沖縄居酒屋で取材があった。沖縄人《ウチナーンチュ》の経営者に「このあたりは思い出深くて……」と言うと、「えっ？　ボビーのこと知ってる？　ぼくの兄貴分だよ」と彼が言ったのだ。

「ボビー元気なんですか？　今どこにいるんですか？　何の仕事してるんですか？」

立て続けに質問すると、彼が携帯を取り出してすぐ連絡をとってくれた。

――こ、こんなに簡単につながる……。

携帯の受話口《レシーバー》からは、懐かしいボビーの声が聞こえてきた。

その2年後、ぼくらはコザのデイゴホテルのロビーで22年振りに会った。まさかもう一度会えるとは思っていなかった。思わず力をこめて握手しながら、かつてぼくのスタジャンに突っ込んでくれたメモを見せた。

その夜、ぼくらは分厚いステーキを食べ、ロック・バーに行き、しこたまバーボンを飲んだ。互いに薄くなった頭部を見せ合って、笑った。Tシャツにジーンズ、野球帽をかぶったボビーの腕は相変わらず太く、声もよく通った。そして、ボビーズの時と同じようにホンモノの英語で歌った。

＊

会える人には、きっといつか会える。

不思議な「縁」というのは存在する。それは「相性」という言葉で置き換えてもいい。

ぼくは、この本で訪ねた11人のマスターとそれぞれ赤い糸で結ばれていたのだと思う。

その店のハイボールの作り方がどうのとか、何対何の水割りがいいかとか、どういう順番で飲めばいいかとか……そんな細かいことは、どうでもいい。店で楽な気持ちになれればいい。ほっとする理由は簡単。「その店が好き」という感覚だけだ。自分の直感で店を選び、「合わないな」と思えば二度と行かない。ただ、それだけ。相性というのは人と犬の間にも存在するのだから……。

この本で旅した11のバーは、あくまでぼくの好きな店である。ぼくの基準は、マスターに魅力があるかどうかということに尽きる。「飲み食いは誰と一緒にするか」が、ぼくにとっては大きな問題だからである。それぞれの人がそれぞれの基準で、自分の好きな店があればいい。そして、ほっと幸せになれればいい。

＊

ウイスキーは時間のたっぷりかかった酒だ。熟成しないと一人前にならない。だから、若い酒は決して評価されない。おとなの酒でないと誰も相手にしてくれないのである。職人や賢哲の世界もまったく同じ。古代中国には老子という哲学者がいた。老いることはポジティブなことなのだ。

時間をかけて努力するうち、何かが見えてくる。その仕事に打ち込んでいると、あるとき、深淵を覗き込む。そして個性が生まれる。その個性がブレンドされることで、全体のバランスも結果的に生まれる——まさにシングルモルトとブレンディッド・ウイスキーの話である。

ウイスキーは不器用だけれど、情が厚い。理解するのに時間がかかるけれど、裏切られることはない。じっくり付き合えば、欠点もやがて美点になる。もともと「いびつ」な性格なのだ。でも、そのいびつさが魅力。ウイスキーはほんとに人間とよく似ている。

この本に登場いただいた11人のマスターたちはおとなだけれど、ニューポット(蒸留したての透明な原酒)を思い出させるいびつさを、みんな今もどこかに残している。少年の純な心がある。反骨がある。そして、その「いびつ」が時を経ることで、ほどよく枯れて、ほのかに苦みをもった恬淡《てんたん》の味になっている。

そう。じつはマスター自身がウイスキーなのだ。

ぼくらに必要なのは、苦みを知った「ウイスキー的生き方」ではないか。老いるとは、皺に味のある、色っぽいオジイオバアになること。個性のあるモルト・ウイスキーになることだろう。

「人は多数決で生きるんじゃない。アイラ・モルトの香りは決して多数派に支持されない。でも、強い味方がいる。それでいいじゃないか。大切なことは、いくら向かい風が強くても、ぶれずに誇りをもって生きることだよ」

ウイスキーは、そして、ぼくの敬愛するマスターたちは、そう教えてくれている。

開高健の出演した角瓶のＣＭに「左に１５度傾いて、旅に出た。（旅から帰ると）傾き具合が５度くらい元に戻った」というコピーがあった。人間は、旅から帰ってきても、やはり傾いているのだ。

この本はたくさんの方々に支えられて、生まれました。

取材に快く応じてくださった１１名のマスターのみなさん。トリスバーを歩きませんかと提案してくださった高橋大さん。単行本化を推し進めてくださった齋藤和弘さん、智内好文さん、大江正章さん。ほんとうにありがとうございました。

最後に、人生という熟成酒のパートナーである妻・有美子に深く感謝いたします。共に取材をし、女と男の感覚をブレンドして、ウイスキーとマスターに接することができました。

二〇一一年三月

吉村喜彦

●十三トリスバー
532-0024 大阪市淀川区十三本町 1-2-7
電話：06-6301-4826

●バー露口
790-0002 松山市二番町 2-1-4
電話：089-921-5364

●絵里香
104-0061 東京都中央区銀座 6-4-14 HAO ビル 2F
電話：03-3572-1030

●バー・ジアス
093-0013 網走市南 3 条西 2 丁目 第 2 ツカサビル 1F
電話：0152-43-5939

●エレファントカフェ
907-0022 石垣市大川 258 レオビル 6F
電話：0980-88-5750

●ザ・テンプルバー
530-0002 大阪市北区曽根崎新地 1-1-17 バーボンストリートビル
電話：06-6344-0996

●堂島サンボア
530-0003 大阪市北区堂島 1-5-40
電話：06-6341-5368

●サヴォイ北野坂
650-0004 神戸市中央区中山手通 1-7-20 第 3 天成ビル 4F
電話：078-331-8977

●モンド・ボンゴ
980-0803 仙台市青葉区国分町 2-1-13 ハイマートビル B1F
電話：090-9037-6636

●ル・バール・カワゴエ
980-0803 仙台市青葉区国分町 2-10-30 FOX-B・2F
電話：022-213-2425

●バー武蔵
104-0061 東京都中央区銀座 8-10-7 東成ビル B1F
電話：03-5537-6634

よしむら・のぶひこ

1954年大阪生まれ。京都大学教育学部卒業。
サントリー宣伝部勤務を経て作家に。
著書に、小説『ビア・ボーイ』(新潮社、PHP文芸文庫)、『こぼん』(新潮社)、
ノンフィクションでは『漁師になろうよ』『リキュール&スピリッツ通の本』
(ともに小学館)、『食べる、飲む、聞く 沖縄・美味の島』(光文社新書)、『オキナワ
海人日和』(創英社/三省堂書店)、『ヤポネシアちゃんぷるー』(アスペクト)など。

本書は、サントリー・ホームページに掲載された「吉村喜彦のトリスバー探訪」(2003年9月〜04年12月)および、全日空機内誌『翼の王国』に掲載された「ニッポン酔夢行」(2007年8月〜08年3月)をもとに、大幅な加筆修正を行い、また、新たな取材を行って執筆されたものです。

マスター。ウイスキーください

2011年4月25日　初版発行

著者/吉村喜彦

発行者/大江正章

発行所/コモンズ
東京都新宿区下落合1-5-10-1002
TEL 03 (5386) 6972　FAX 03 (5386) 6945
振替 00110-5-400120
info@commonsonline.co.jp
http://www.commonsonline.co.jp/

印刷・東京創文社/製本・東京美術紙工

乱丁・落丁はお取り替えいたします。
ISBN 978-4-86187-079-8 C 0095